No te aferres a la vida

¡VÍVELA!

MARÍA JOSÉ MARTÍNEZ ALBEROLA

No te aferres a la vida

¡VÍVELA!

LA FELICIDAD ESTÁ EN LA LIBERTAD,
Y LA LIBERTAD EN EL CORAJE

Título: *No te aferres a la vida. ¡Vívela!*

© 2019, María José Martínez Alberola

Autoedición y Diseño: 2019, María José Martínez Alberola

Primera edición: octubre de 2019

ISBN-13: 978-84-18098-94-9

Depósito legal: TF 69-2020

No te aferres a la vida, **¡vívela!**

Todo lo que te hace feliz, está al otro lado del espejo

ESPERO QUE TE GUSTE MI REGALO

DE: ____

PARA: ____

DEDICATORIA:

____

____

____

____

____

____

____

Prólogo

Por mucho que logres en la vida, no obtendrás la felicidad completa si no eres libre.

Muchas veces nos volvemos esclavos de nuestras posesiones, y tenemos una pareja que emocionalmente nos esclaviza, o unos hijos, o unos amigos que nos fuerzan, incluso de manera inconsciente, a hacer ciertas cosas que quizás no nos apetecen.

Algunos son esclavos de sus casas, de sus coches, de sus trabajos, puesto que requieren demasiado tiempo y energía, y esto conlleva que puede que tengamos que dejar de disfrutarlos porque se convierte en una obligación mantenerlos.

Independientemente de qué te esclavice, el objetivo es reconocerlo y luego liberarte. La VERDAD nos hace libres, por eso ser honesto y enfrentarlo es la mejor estrategia para el cambio y la transformación.

Y la verdad es que nada externo, en realidad, puede esclavizarte, sino las emociones que te envuelven y te domina con respecto a aquello que te ocurre.

Nada llega a nuestras vidas por casualidad, sino por causalidad, por sincronicidad, por principio de causa y efecto. Por eso si este libro lo tienes en tus mano, es por una razón.

Aprovéchalo.

Gracias María José por escribirlo y gracias a ti, amado lector, por querer leerlo y aprender de él.

GRACIAS GRACIAS GRACIAS.
TE AMO.

LAIN, autor de la saga LA VOZ DE TU ALMA.
www.lavozdetualma.com

Agradecimientos

En primer lugar, quiero dar las gracias a mis padres, por que sin ellos hoy no estaría aquí, en este mundo. Gracias por todo lo que me habéis podido dar, por estar siempre ahí, cuando os he necesitado, y gracias por vuestro apoyo. Os amo.

A mi hijo, que es lo más bonito que tengo en este mundo, para mi eres el motor de mi vida y juntos vamos a conseguir todo aquello que queramos. Te amo.

A mis hermanos y sobrin@s, gracias por estar en mi vida y de compartir este viaje conmigo.

A mis amigas, gracias por estar ahí, por apoyarme en este viaje y sobre todo por esa bonita amistad.

Y ante todo quiero agradecer a todas esas personas que han pasado por mi vida, que gracias a ellas hoy estoy aquí, de pie y más fuerte que nunca.

Gracias a Dios, por iluminarme en este camino y poder desarrollar las siguientes líneas, gracias por el regalo que me diste hace casi 13 años y gracias por todos los aprendizajes que pones en mi camino.

Y muchas gracias a **Laín García Calvo**, dicen que cuando el alumno está preparado aparece el maestro y ahí apareciste tú.

Llevo más de un año leyendo tus libros y en mi segundo evento de vuélvete imparable decidí inscribirme a tu mentoría. muchas gracias por este cambio tan brutal. Te amo.

Gracias, gracias, gracias…

Testimonios del libro y la autora:

"María José se sienta a tu lado, para contarte de una manera muy tierna, todos y cada uno de los detalles, que nunca te contaron y, sin embargo, debes saber, para experimentar una de las cosas más hermosas de la vida: AMAR SIN DEPENDER. Un libro lleno de información importante, y muy lleno de amor. Te lo recomiendo encarecidamente "Te amo María José.

Tania Carrillo Arias,
autora de la saga **EL SOL DE TU CORAZON.**

"Vivir en una relación de dependencia es realmente agotador, y lo más difícil e inquietante es que uno no se da cuenta. Gracias María José por ayudar con tu libro a todas las personas que viven en estas condiciones a darse cuenta que es posible de salir de ello y recuperar la Fe. Un excelente trabajo".

Emma Ben Amar,
autora de la trilogía **EL PODER ESTA EN TI.**

"Yo siempre he sido una persona bastante dependiente con mis relaciones y esto me ha causado innumerables problemas durante mi vida. Pero gracias a leer este libro, he descubierto que hay una forma mucho más saludable de experimentar las relaciones. Asi que si ese es tu caso, no te lo pienses más y adquiere este libro, te va a encantar. Muchas gracias por tu trabajo María José".

Lara Pastor,
autora del libro **SÉ LIBRE.**

"Si eres de los que necesita la aprobación de lo demás para sentirte valorado y amado, esta lectura es obligatoria porque te ayuda a abrir los ojos y a superar esa dependencia que te tiene encarcelado, y atado a otras personas. Aquí va a aprender a ser feliz sin depender de nadie para serlo. Gracias María José, tu lectura es transformadora".

María Torres Moros,
licenciada en traducción e interpretación, empresaria y escritora

"Una guía para el amor verdadero a la vida, para la independencia emocional, para eliminar a las personas tóxicas de tu vida desde la auto-comprensión y el autoconocimiento. Muchas gracias por este libraco" María José.

Aido Cortés Alcaraz

Con este libro, te hace reencontrar con vos mismo y te hace ver que vivir, sin apegos es amar con libertad.

Laura Stornini,
san Rafael, Mendoza, Argentina

"Darte las gracias gracias gracias…mi querida amiga, por crear este libro desde el fondo de tu Alma, y recordarnos que algunas veces entramos sin darnos cuenta en estados emocionales de situaciones que nos impiden llevar una vida normal, y lo queremos cambiar. Nos transmites que con constancia y esfuerzo se consigue. Nos enseñas con tus propias experiencias, que se avanza por el camino de la independencia, y nos daremos cuenta de que somos más valientes de lo que pensamos".

Milagros Lamata

Este libro te ayuda a reflexionar y entender la dependencia emocional en las relaciones. Te aporta herramientas para cambiar la situación hacia relaciones más sanas. relaciones entre iguales. María José, ¡gracias por este libro y mucho éxito ayudando a miles de personas! ¡te amo!

Sandra Sánchez

Gracias, me he visto reflejada en tus historias y he podido comprender que me encontraba en una relación con dependencia, me he resistido mucho a aceptarlo, pero te he seguido y me has ayudado no solos a identificarla, sino a superarla. Mi vida ha cambiado. Gracias, ahora me siento plena, libre y preparada para encontrar el verdadero amor.

Ana Rodríguez

El libro **No te aferres a la vida ¡VIVELA!** te hace darte cuenta que, desde que nacemos, creamos patrones de dependencia con nuestro entorno. A través de un vocabulario muy sencillo nos haremos conscientes de determinados rasgos en nuestras personalidades que nos enfoca a una vida de dependencia a la vez de encontrar recursos para afrontar nuevas vidas de forma autónoma e independiente. Un manual imprescindible para detectar relaciones tóxicas, este libro me ha ayudado a generar relaciones sociales más saludables en mi vida. Gracias María José por esta guía tan interesante.

María Antón de Miguel

Me he sentido muy identificada leyendo este libro. Desde mi primera relación, sentía que algo no estaba bien, pero nadie supo explicarme como tú lo haces, que es lo que estaba mal. Si hubiera tenido tu libro antes, entonces hubiera entendido mucho antes que la que estaba mal era yo, porque vivía en una dependencia emocional. Ahora con tu libro por fin puedo leer en un idioma claro, lleno de amor y conociendo como se puede salir de esa dependencia. Y aunque yo ya salí, me llena, el poder leerlo tan claro. Gracias gracias gracias, porque este libro transformara muchas vidas.

Marta González

Índice

Introducción

Amado lector y amada lectora,

En primer lugar, quiero agradecerte la confianza que has depositado en mí, al adquirir este libro.

Mi propósito es que, cada palabra y cada frase que escribo en este libro, puedas sentirlas y te lleguen al alma. Ya que lo escribo con todo mi corazón para ti.

Voy a contarte en las próximas líneas, experiencias de personas que me han dado su consentimiento para compartir contigo, además de las mías propias, que yo he vivido, y el apego que he sentido con las personas ya sea en las relaciones, como en las amistades e incluso con familiares, entre otras.

Con este libro no quiero que en ningún momento te sientas atacad@, ya que sé que te vas a sentir identificad@ en muchos momentos y todas las revelaciones que te lleguen, son muy importantes para que puedas tomar conciencia y poder transformar tu vida al igual que hice yo con la mía.

Me vas a permitir que para generalizar utilice el símbolo @.

Me gusta que me lea todo el mundo sin importar el género, y no deseo que nadie se sienta ofendido, en este momento es lo que me parece correcto. Ya que la dependencia se sufre tanto si eres mujer como hombre.

Nos vemos en las siguientes páginas.

Gracias, gracias, gracias. Te amo. María José.

Mi historia personal

Hola, mi nombre es María José, tengo 38 años y esta es mi historia personal….

Soy una mujer que siempre se ha preocupado más por los demás que por mí misma y todo eso me llevó a unos niveles de auto saboteo que no te puedes imaginar. bueno, seguramente sí, porque si estás aquí es porque habrás vivido algo similar, o tendrás a alguien importante en tu vida que lo haya vivido.

He intentado llevarme bien con todo el mundo y te puedo asegurar que esto es totalmente imposible,

¿Cuántas veces has estado siempre para los demás y a la hora de estar contigo han desaparecido?

Y por no discutir… ¿cuantas veces has tragado saliva y has seguido con esa persona sin decir nada, por pensar que se iban a enfadar contigo y podría acabar la relación?

Pues bien, aquí con estas dos preguntas te hago un resumen de lo que he estado haciendo todo este tiempo, si, sé que en algún momento de tu vida también has pasado por alguna de estas historias y te vas a dar cuenta que, aunque te sientas perdido siempre hay una razón para salir adelante.

Una cosa más antes de empezar:

En estas próximas páginas vas a encontrar muchas de las historias relacionadas con la dependencia emocional, de distintos tipos y de personas anónimas, y de algún famoso que la haya sufrido, está claro que estos últimos están publicados. y los he añadido como ejemplo.

Espero sinceramente que disfrutes de tu lectura.

"Son las decisiones las que nos hacen ser quienes somos".

-Spiderman-

Spiderman nos recuerda que **nuestro verdadero yo, se explica a través de las decisiones que tomamos**, pues cada acto tiene su consecuencia, igual que cada decisión.

¿Qué me voy a encontrar en este libro...?

Según los estudios, la dependencia emocional comienza desde que nacemos, sobretodo el primer año de vida que es cuando dependemos de nuestra madre para alimentarnos, para aprender a hablar, caminar, etc.

En ese mismo instante de nacer, vamos cogiendo unos patrones de depender de otra persona que, si no tenemos en nuestro entorno la capacidad de ser independientes en muchos aspectos, de adolescente y más tarde de adulto nos veremos reflejados más impactantemente en depender de alguien para obtener su valoración.

Sé que es difícil salir de esa dependencia, como de cualquier otra, pero en este libro vamos a centrarnos en la emocional.

En el siguiente libro voy a hablarte de la adolescencia y en mi tercer libro de la dependencia de las adicciones.

Pero como he te comentado en las líneas de más arriba voy a hacer referencia a este libro enfocándome más a la dependencia emocional.

También he de decirte que si menciono algo en lo que tú te ves identicad@ en otra área no dudes en centrarte en esa revelación para poder salir de ella y corregirla.

En este libro te voy a contar alguna de mis experiencias, pero me vas a permitir también contar historias de algunas personas que han querido aportar su granito de arena y contar su historia, porque tampoco quiero que te centres en una versión, sino más bien, quiero que veas que no eres la única persona que has pasado por eso y lo mejor de todo es que se puede salir.

Te voy a contar que hizo cada una de ellas y como salió de esa dependencia.

Además, te cuento historias de famosos que han pasado por alguna de estas dependencias, estas publicaciones están sacadas de internet ya que en su día ya fueron publicadas.

Te voy a dar unos ejercicios y pautas a seguir para poder trabajar en ti mism@. Y seas la persona independiente que quieres ser.

Por lo tanto, mi queridism@ lector/a….

Empezamos....

Como sabes mi nombre es María José soy de un pueblo de Alicante.

Vengo de una familia humilde y muy trabajadora tengo una hermana y un hermano, los dos menores que yo. Y he de decir que estoy muy orgullosa de pertenecer a la familia que tengo.

Estoy realmente nerviosa ya que si te soy sincera nunca me hubiera imaginado estar aquí en mi ordenador escribiendo para ti.

En los últimos años he sentido que no sabía expresarme y sentía un bloqueo enorme a la hora de hablar con alguien de algún tema en particular.

Ahora me siento feliz de saber que estas con mi libro en la mano y vas a escucharme hasta el final.

Una vez te pones te aseguro que las palabras salen solas y más cuando todas ellas vienen desde el alma…

Me gustaría empezar diciendo que en toda mi historia la única responsable de todo soy yo.

Soy 100% responsable de todo lo que he permitido que pasara en mi vida.

¡Gracias por acompañarme!

He de decir que he tenido pocas relaciones serias en toda mi vida en 38 años que tengo.

En todos estos años viví en una de ellas, una historia intensa y dura a la vez, esa relación es la que me marcó un antes y un después en mi vida y en ella misma tuve la dependencia por parte de mi pareja, de la amistad que intenté tener en su entorno y la de su familia.

¿QUÉ ES LA DEPENDENCIA EMOCIONAL?

La dependencia emocional, es un estado psicológico que se presenta en las relaciones, familia o amistad, trabajo, adicciones….

Este patrón genera una necesidad de aprobación de otra persona(causante) y la atención de la misma(dependiente).

El dependiente siente miedo de poder acabar ese lazo, le entra el pánico de perder esa relación y quedarse sol@.

Y hasta es capaz de soportar barbaridades con tal de volver a estar con su pareja. Esta dependencia puede llegar a ser enfermiza.

La dependencia emocional, puede llevarte a extremos de desprecio, rechazo y hasta humillación, en cualquier área de dependencia.

Amar en libertad

No dependas de un amor

Si vas a amar a alguien, **primero debes amarte a ti** y a ese alguien, **pero debe de ser verdaderamente,** sin apego ni ataduras.

Lo más bonito de una relación, **es la confianza, el respeto y qué las dos personas se amen sin dependencia.**

Recuerda: **SI DEPENDES DE UNA PERSONA, ESO NO ES AMOR, SINO SINTOMA DE INSEGURIDAD Y APEGO POR ESA PERSONA.**

EL CAUSANTE DE LA DEPENDENCIA

Puede que te sorprenda el nombre que reciben estas personas, las cuales son maestros de la manipulación, son llamados vampiros energéticos con un motivo real, y es que realmente acaban consumiendo la energía de sus víctimas. En ocasiones son conscientes de ellos y en otras no. pero, la verdad es que siempre saben cómo dejarse querer, y obtener así exactamente lo que desean.

En algunos de los casos el causante de esta dependencia, no es consciente, de la actitud de su pareja, amistad, etc. En este caso, este será el que ponga fin a la relación, sin aprovecharse del dependiente e intentar sacarle algun beneficio. Aquí el único problema lo tiene la persona dependiente siempre y cuando el causante no entre y lo utilice en su propio beneficio.

Esta relación puede acabar siendo muy toxica para los dos, y no lleva a ningún sitio. Hoy estoy bien y mañana no. Lo que puede arreglarse hablando y llegando a un entendimiento por parte de los dos, puede llegar a un mismísimo infierno por las dos partes.

Cuando se llega a este extremo, la dependencia puede llegar a ser mutua, el dependiente, necesita al causante para sentirse protegido, y el causante siente dependencia de tener a una persona que le esté levantando el ego siempre.

Lo mejor de todo es que esta relación se rompa, tomar distancia. Y dejar que pase el tiempo.

Cuando quieres ayudar a una persona así, con una dependencia, puedes aconsejarle e intentar ayudarle, pero seguramente no te hará caso hasta que esa persona se dé cuenta por sí misma.

La mayoría de las veces tienes que tocar fondo para empezar a cambiar. Pero tiene que verlo por sus propios ojos, aunque le digas mil veces lo que está sucediendo no lo va a aceptar hasta que esa persona se dé cuenta por si mism@.

A veces por mucho que nos digan las cosas, tenemos que llegar a tener ese punto de quiebre, donde no tendremos más remedio que cambiar y poner un nuevo rumbo a nuestra vida, si no queremos hundirnos aún más.

¿Te ha dolido ya lo suficiente?

Pues ves a por el cambio, ¿a qué esperas?

SÍNTOMAS DE LA DEPENDENCIA EMOCIONAL

- Miedo

- Incertidumbre

- Culpabilidad

- Obsesión

- Idealizan personas y relaciones

- Baja autoestima

- Desconfianza

- Sufrimiento de mayor grado

- Miedo a la soledad

- Creer que necesitas a una persona para tener una excelente vida

- Creer que si se termina la relación se acaba la vida

- Sensibilidad a los rechazos

- Reacciones exageradas tras rupturas o problemas de pareja, amistad, trabajo...etc

- Tienes que hacer todo junto a alguien

- Con el objetivo de no estar solo, tener relaciones con parejas que no convienen o ni siquiera tienen sentimientos hacia ellas.

- Necesidad de agradar a los demás

- Pides disculpas a tu pareja por recriminarle cosas que ha hecho mal (insultarte, ser infiel…)

- Estar atent@ de tu pareja, aunque este/a te trate mal

Miedo: cuando sentimos alejamiento o distancia sobre la persona que amamos o que creemos amar, nos entra el miedo a perderlo, creemos que no hay vida después de eso y que ya no vamos a ser felices.

Recuerdo cuando sentía ese miedo y no sabía ni lo que hacer. Creía que se acababa todo.

Cuando sientes ese miedo y la otra persona es consciente, esta tiende a aprovecharse si puede ir con el chantaje, para tenerte siempre a su servicio.

No sientas miedo, si se termina esa relación, es porque tu tiempo con esa persona ha acabado.

Incertidumbre: en esa misma distancia, nos entran las dudas y los porqués. ¿Qué he hecho mal para que ocurra esto? Cuantas veces nos hacemos esta pregunta. En realidad, no has hecho nada, simplemente ha pasado y punto.

Por mucho que intentes pensar donde te has equivocado, en que has fallado…no vas a sacar nunca una buena conclusión. Porque si actúas para complacer a tu pareja, a esta no siempre le va a gustar lo que haces, y siempre vas a estar atrapada en ese circulo vicioso, actúa con tu corazón, y si sale mal, pues a la próxima saldrá mejor, recuerda que todo esto es un aprendizaje.

Culpabilidad: es cuando tu incertidumbre no te deja avanzar y al final, aunque no encuentres una razón siempre acabas echándote la culpa. Si se va tu pareja de casa, o te es infiel, o hasta te levanta la mano. Cuantas veces has dicho.

- ¡No! Si la culpa fue mía, por haber hecho esto o aquello.

Estuve con un chico y todas las noches me llamaba, me gustaba mucho hablar con él, y aunque yo estaba acostumbrada a dormir temprano siempre lo esperaba para hablar un rato.

Una de las noches me quedé dormida. Y me desperté a las 3 de la mañana de un salto, porque imaginaba que me había llamado. Cuando cogí el teléfono me metí en su chat y al cogerlo sin querer le di al audio y lo envié, me puse muy nerviosa, porque sabía el carácter que tenía y se iba a enfadar. Borré el mensaje porque era un audio en silencio.

A la mañana siguiente recibí un mensaje suyo muy enfadado, me dijo que lo hice a propósito para molestarle.

(¿En qué cabeza cabe una cosa así?) yo me disculpé y le juré que no había sido adrede, que había sido sin querer, pero él no se lo creyó.

¿Cómo puede pensar una persona algo similar?

¿Está escondiendo algo? ¿no es totalmente sincero contigo?

¿De verdad merece la pena estar con una persona así?

Si al principio de conocerte, actúa de esa forma ¿cómo actuara en unos meses? ¿y en años?

Se tiró varias semanas sin llamarme, y cuando lo veía ni siquiera me saludaba, por mucho que yo intentara hablarle, no conseguía respuesta. Yo me echaba la culpa de todo y aunque mi amiga me decía que pasara de él, que no hiciera caso, que era un imbécil y que yo no tenía la culpa. Yo sentía que por mi culpa él se había enfadado conmigo, y por mi culpa estábamos distanciados.

Yo quería estar con él e insistía en que me hablara, cuando dejé de mandarle mensajes, fue cuando él me volvió a hablar. A veces lo único que hacen también es aprovecharse de tu dependencia hacia ell@s. Porque hay personas que necesitan gente así para levantar su ego. Que estén siempre detrás buscándolos y ellos puedan manejarte a su antojo.

Si en algún momento te pasa algo similar, he de decirte que la culpa no la tienes tú, tendemos a echarnos toda la carga por cada mínima tontería. Simplemente por creer estar enamorad@. Y lo único que ha ocurrido es idealizar a una persona antes de conocerla bien. Y la baja autoestima nos hace tener la tendencia de necesitar a alguien siempre.

«No necesito estar con una pareja para ser alguien de valor».

<u>Humillación:</u> ¿te ha pasado alguna vez que estas deseando ver a tu pareja y cuando llega lo único que hace es despreciarte? ¿Sabes por qué? Porque siempre estamos pendientes de ella.

Al principio todo es bonito, ves a la persona que tú te habías imaginado, te trata tal como soñaste, pero a los pocos meses cuando ya estás totalmente enamorad@ entonces es cuando sientes distancia entre vosotros. Ya no te busca como antes, las relaciones íntimas no son tan seguidas, le molestan muchas cosas que antes le parecían estupendas

Y ahí es cuando ya has creado esa dependencia hacia tu pareja, y ya no sabes cómo salir de ella, ni siquiera te das cuenta de que estás metid@ hasta el fondo.

Así me contaba su historia una amiga, te la expongo tal cual…

En una ocasión, recuerdo que mi pareja se fue a una despedida de un amigo. Yo no había ido a ninguna, solo sabía de las despedidas de escuchar a la gente hablar de ellas, de lo bien que se lo pasaban.

Tenía curiosidad por saber cómo era una, Estábamos en casa de sus padres y al día siguiente, yo quería preguntarle qué tal había ido, como se lo había pasado.

Estaba ansiosa por preguntarle. Cuando se levantó, yo estaba hasta nerviosa porque nos dijera que tal había ido. Estábamos en el patio fumando y empezó a contarnos la cena, las risas y que había una stripper, en las despedidas es algo normal.

Y mi pregunta fue ¿y qué paso después? (Esa pregunta la hice porque dijo que la chica salió del restaurante desnuda).

Su reacción me impacto, no me la esperaba. Se levantó de la silla apoyo sus manos en la mesa, se inclinó hacia mí y mirándome a los ojos fijamente me dijo...jjjle comí todo el c.....!!! y empezó a reírse.

Imaginate cómo me quedé, como una estatua, si me sacan sangre no me encuentran ni una gota.

En ese momento no supe reaccionar, como he dicho antes, me quedé pasmada delante de él. En un momento pasaron por mi mente miles de cosas, me lo imaginaba haciendo lo que me había dicho,

Pero te confieso que me dolió más la humillación que sentí cuando empezaron las risas de su madre y de su hermana junto con las suyas, que imaginarme si era cierto o no lo que me dijo.

Me subi a la habitación a llorar y encima cuando me vio, me dijo que solo preguntaba tonterías.

Estuve unos días mal, y lo peor de todo es que él no estaba para nada arrepentido de lo que había dicho y como me hubiese podido sentir yo.

He de decir que he sido muy ignorante y cada vez que me venía con alguna excusa yo me la creía. No sé si me fue infiel, pero te aseguro que he sufrido como si lo hubiese hecho.

Y ahora que me estás leyendo dirás.... ¿y cómo aguantaste todo eso?

Pues aguanté eso y muchísimas cosas más. Fueron 10 años de relación en las que perdí la mayor parte de mi personalidad.

Espero que te ayude esta historia para reflexionar.

LUCIA

Estos son algunos de los síntomas que puede tener una persona que se hace dependiente de otra.

Pero no te preocupes, que aquí vamos a conocer varios tipos de dependencia y vamos a llevar a cabo unos consejos, que si los aplicas vas a ver cómo va cambiando tu vida desde el primer día.

Vamos a conocer los tipos que hay…

- DEPENDENCIA EMOCIONAL AFECTIVA

- DEPENDENCIA EMOCIONAL DE AMISTAD

- DEPENDENCIA EMOCIONAL FAMILIAR

- DEPENDENCIA EMOCIONAL LABORAL

- DEPENDENCIA EMOCIONAL ECONOMICA

DEPENDENCIA EMOCIONAL AFECTIVA

Estas relaciones se distinguen por ser inestables, destructivas y desequilibradas, donde el dependiente idealiza al otro. Para el dependiente, esta situación perjudica a su autoestima, y a su salud mental y/o física.

A pesar de que estén mal y su sufrimiento sea cada vez más agudo, son incapaces de dejar esa relación.

Ellos mismos se crean unos niveles de obsesión y de depresión, en los que pueden llegar a crearse muchos problemas.

Sienten miedo a quedarse solos, y pánico a separase. Todo esto causa obsesión, ansiedad y hasta depresión y si llega a producirse la ruptura no tardan en insistir para volver a esa relación y hacen lo imposible para reanudarla, aunque haya sido dolorosa.

Una vez consiguen retomar la relación o comenzar una nueva, esos síntomas los ocultan inmediatamente y ell@s mism@s se convencen que están bien.

La gente con dependencia solo quiere la atención y aceptación de la otra persona.

El relato de una mujer enamorada.
Así me lo contaba….

Empecé enamorándome como toda persona creyendo que ese hombre me lo había mandado Dios y que era el indicado para mí. Confiaba plenamente en él, era "mi héroe" y no había nada negativo en él. Estaba muy aferrada a él, vivía muy lejos de casa y hacía muchos años que no veía a mi familia, quizás por eso tenía la necesidad de su protección y afecto. Aunque muchas veces mi mente y mi alma debatían mi amor hacia mi pareja. Era una lucha constante.

Yo, era una mujer profesionalmente exitosa, comencé una relación con un hombre que me mentía muchísimo, pero aun así yo quería pensar que eran mentiras piadosas y que yo misma lo exageraba todo. Llegó a mentirme sobre su puesto de trabajo, su salario, me lo decía tan convencido que parecía real. Yo me lo creía porque llevaba un nivel de vida bastante alto. A mí eso no me importaba porque yo ganaba mucho dinero, y no me afectaba, porque no vivíamos juntos, y el siempre invitaba a todo, no dejaba que yo lo hiciera.

Nuestras peleas fueron cada vez más frecuentes, mentía por todo, y hasta me ponía escusas, muchas veces cuando no venía a nuestra cita. Desde que estaba en algun partido de futbol a que se había enfermado algún familiar. En alguna ocasión me decía hasta el hospital donde se encontraba esa familia. En una de esas ocasiones me decidí a llamar al hospital, y me dijeron que allí no había nadie con ese nombre.

Más tarde, se lo reproché y él me dijo que lo había hecho porque sabía que era capaz de preguntar, por la desconfianza que me tenía. Y entonces, me hacía sentir la peor persona del mundo. Me separé varias veces, pero aun así era yo la que insistía en volver con él.

Comenzó a controlarme el horario de trabajo, cogía mi coche y era el que me recogía a la salida. Cada dos por tres me llamaba o me enviaba mensajes los cuales tenía que contestar sino más tarde tendríamos bronca. Yo estaba enamorada y estaba ciega y no me daba cuenta de todo eso. Cuando me tenía que quedar más tiempo en la oficina, el regresaba a por mi aún mas tarde. Porque decía que había quedado con un amigo y se había descuidado del horario. Yo sé que lo hacía por vengarse.

Me quedé embarazada, al principio pensé que la cosa podría cambiar, que él cambiaría su forma de ser. Nos fuimos a vivir juntos y era él el que controlaba todo el dinero en casa. Yo estaba enamorada de él y sufrí bastante. A los pocos meses de embarazo tuve que darme de baja, así me lo recomendó el médico. Más tarde dejaría mi trabajo.(me he arrepentido mucho de esa decisión)-

Tuve a mi hija, y al salir a pasearla, cuando empecé a ver que había más gente a parte de mi. Y me dediqué a ser madre y me convencí que podía tener un sueldo que me permitiera correr con mis gastos yo sola.

Siempre había trabajado y nunca nadie me había mantenido. Me empecé a dar cuenta que no se estaban pagando las facturas, como el teléfono, la hipoteca...como me llamaban por teléfono, me dijo que no hiciera caso que él ya lo había solucionado. Pero no le creí y fue cuando me enteré de todo.

Todo se volvió un infierno, cuando empecé a pedir explicaciones. Cuando a un mitómano lo dejas en evidencia, lo único que hace es negarlo todo. Aun así, le dije de comprar solo lo que hacía falta de verdad para sobrevivir, nada de caprichos. Ya que íbamos tan justos, cosa que él no reconocía. Le dije de buscar trabajo para ayudar en casa, con mi experiencia seguro que encontraba algo pronto. Y se negó rotundamente, me dijo que yo me dedicara a mi hija, que en su país eran sus costumbres.

Al principio accedí a ello, pero todo seguía igual y al final decidí volver con mi familia. No sabía cómo tomar la decisión y pedí ayuda a un profesional que estuvo conmigo en todo momento detrás del teléfono. Lo primero que hizo fue ayudarme a terminar de abrir los ojos y darme cuenta de que esta relación no iba a ningún lado. Que por mucho que lucháramos, al final la única que iba a sufrir de verdad era nuestra hija.

Finalmente puse fin a esta relación y al principio le costó aceptarlo, pero con el paso del tiempo el mismo se dio cuenta de que fue lo mejor. Lo mejor de todo es que ahora somos amigos y me pidió ayuda y yo accedí. Le puse en contacto con una persona especializada en su problema y siguió todo lo que le recomendaba.

Él tiene su vida y yo la mía, pero siempre estamos en contacto por lo más precioso que tenemos.

Espero que mi historia te ayude.

Un saludo Lara.

Muchas veces nos dejamos llevar por nuestros sentimientos y hasta dejamos de querernos, solo por estar atentos de la otra persona. ¿Tú qué crees?

En el caso de Lara, era la mentira lo que acabó con su relación, aunque finalmente ahora se llevan muy bien. Pero existen otros casos.

Por ejemplo, los celos, están tan obsesionad@ en llamar la atención de su pareja que, si no la consiguen, es cuando empiezan a crear una realidad ilógica. Ven cosas donde no las hay, y aunque luego descubran que se han equivocado, cuando tienen otro ataque de celos, esta situación se agrava y así cada vez peor. Hay casos en los que se ha llegado al suicidio, e incluso hasta la muerte de la otra persona.

Por otra parte, hay veces que nos obsesionamos tanto que dejamos de darnos valor y perdemos nuestra esencia, dejamos muchas veces nuestra vida en manos de los demás. De esto hablaremos más adelante…

Siempre me he considerado una persona que sabía lo que quería, no dejaba que me que me tomaran el pelo (o al menos eso pensaba yo) y hasta no tenía pelos en la lengua para decirle a una persona lo que me parecía. Aparte de eso, he sido muy enamoradiza y ese tema ha sido el mi punto débil.

Recuerdo mis dieciséis años, empezábamos a salir y mis amigas todas tenían novio o algún amigo y yo nunca lo he tenido. También es cierto que tengo una forma de pensar muy diferente en la que para estar con alguien necesito sentir primero yo atracción por esa persona.

Me acuerdo que me gustaba un chico y una de mis amigas intentaba ayudarme para acercarme a él, dándome sus consejos que a ella le servían, como invitarle a un chupito o hablarle simplemente y estaba claro que eso para mí no funcionaba, pienso que la forma de ser de cada un@ también influye.

Yo, hasta hace poco era de las personas que idealizaba al chico que me gustaba, de tal forma que mantenía una relación con él en mi pensamiento, hasta tal punto que de tanto soñarlo y no verlo realizado al final yo misma acababa la relación, imagínate, es de risa, una relación psicológica.

El miedo al rechazo es muy duro, pienso que todo esto puede ser de mi adolescencia, aunque ahora no me voy a centrar en esa etapa, hablaremos de ello en el siguiente libro.

-UN ADOLESCENTE SIN RUMBO-

Te cuento un relato que leí en internet.

Él estaba casado y a la espera de su segundo hijo, cuando vio a una mujer espectacular y le dijo al amigo que esa mujer iba a ser para él. Estuvieron conversando, pero no llegaron a nada.

Un tiempo después, él estaba a la espera de su tercer hijo, y fue cuando empezaban a correr rumores sobre la relación entre ellos, (la persona de la que te hablo es una persona famosa).

Su mujer no le dio ninguna importancia porque no era la primera vez y creía que duraría hasta que se le pasara la atracción por esa mujer. Pero el día de los enamorados se llevó la sorpresa que él le tenía preparada, La carta de divorcio.

Desde que comenzó esta relación, su carrera se vino abajo, ya no tenía tanta venta de entradas en sus conciertos, sus discos no se vendían tanto.

Se centró tanto en esa relación que no le importaba dejar todo lo que había logrado, solo por tener a esa mujer. Era una relación de celos, en los que él no soportaba, y hasta hubo dos intentos de suicidio.

Te estoy hablando del famoso cantante Frank Sinatra.

Él era un hombre que le gustaban mucho las mujeres, pero la dependencia que tenía con su segunda mujer Ava Gardner era enfermiza. Un rodaje en la película "de aquí a la eternidad" le hizo ganar su único Oscar, al mejor actor secundario, y le colocó de nuevo en la cima de las listas musicales de éxitos.

Aunque finalmente se casaron, el matrimonio duró solo unos años. En uno de los rodajes, la actriz se enteró de que estaba embarazada y abortó, cuando Frank lo supo es cuando se dio cuenta de que todo había acabado.

No quiero meterme más de lleno en esta historia, porque la verdad es que hubo infidelidades por las dos partes.

El tema del que quiero hablar contigo es de la dependencia que siente el cantante con Ava, y que decide dejarlo todo sin importar su primera mujer, sus hijos, y su carrera.

Y cuando está tan encerrado en esa dependencia que tiene sobre ella es capaz de intentar suicidarse, que por suerte lo pillaron en las dos ocasiones a tiempo.

Lo que el viento se llevó. A Escarlata O'Hara le sobra belleza, pero le falta sentido común. A muy temprana edad se enamora de Ashley Wilkes, amigo de la familia, y a pesar de que éste le repite una y otra vez que él a quien ama es a su prima Melania, Escarlata se pasa la vida entera suspirando por este amor, incapaz de vivir sus propias historias amorosas

Seguramente sabes a que me refiero. ¿verdad? cuando sientes algo por alguien, y no eres capaz de reconocer que no le gustas a esa persona.

Esa persona sin querer hacerte daño, se acerca a ti porque le gusta alguien de tu entorno, pero no eres capaz de verlo. En tu mente solo existe otra idea. Pones cara de emoticono asombrado y dices ¡¡woow!! ¡¡Le gusto!!

Pero en ningún momento te lo demuestra, simplemente habla contigo, hasta intenta entrar en tu circulo y tu estas prendada por ello. Hasta que un día ves a tu amiga hablando con él y viendo cómo se sonríen mirándose a los ojos.

Bien, cuando llegas a un momento así o similar, tienes dos opciones:

1- Te das cuenta y aceptas esa situación y te ríes por la ilusión que solo se ha montado tu mente,

2- Sigues haciéndole caso a tu mente y le montas una escena a tu amiga por haberse liado con el chico que te gusta.

Ahora piensa, y responde a estas preguntas.

¿De verdad merece la pena pelearte por eso?

¿Tu amig@ te ha mentido en algún momento?

No merece la pena pelearse con alguien por esto, si tu amig@ te ha traicionado te aseguro que la vida se lo va a devolver y en algún momento de su vida le traicionaran de alguna manera, sintiendo el mismo dolor que te hizo a ti.

Y si en ningún momento, esa amistad no sabía de tus emociones, no hay nada que recriminar.

Acepta un no, y sigue. No te quedes ahí. Porque seguramente estas buscando en el sitio equivocado, has idealizado a una persona que has atraído a tu vida, pero que si no se acerca a ti es porque no te merece.

Esto, no quiere decir que sea mala persona, simplemente que no todos tenemos los mismos gustos y vibramos igual o no la has visualizado bien.

Y si, por el contrario, tu amiga si te ha traicionado o/y no te ha sido sincera.

¿Realmente vale la pena tener a una amiga así?

¿Quieres estar con una persona que no te quiere?

Un consejo:

Cuándo sientas la necesidad de hablar con alguien, primero cuéntatelo a ti mism@.

Coge una libreta, que solo sea para eso, empieza contando lo que te ha pasado, como si lo volvieses a revivir, como si estuvieras en ese mismo momento allí, cuéntalo tal cual lo has vivido, si has tenido irá, suelta toda la rabia en ese papel, pero eso sí, una vez la dejes ahí no la vuelvas a coger es una manera de limpiar y sacar todo lo que llevas dentro, pero de una forma que no va a perjudicar a nadie.

Porque si lo haces con la persona delante y en el momento en que estás lleno de ira, de rabia o de frustración lo único que vas a hacer luego, es arrepentirte y en ese momento ya no hay vuelta atrás porque el daño ya está hecho tanto el tuyo como el de la otra persona, recuerda la única persona que va a estar siempre a tu lado eres tú mismo así que amate.

Que mejor que tener tu amor propio, que mejor que cuidar tu salud tanto interna como externa y sobre todo principalmente sanar todas las heridas que llevamos dentro.

No te puedes castigar por todo aquello que has hecho mal o por todas las veces que te has equivocado, igual que debes perdonarte, también debes perdonar a la persona que te haya hecho daño en algun momento.

Piensa que el problema lo tiene esa persona contigo, no tú con ella. Y si sientes rabia, dolor, ira, odio por alguien, la única persona que se lastima eres tú mism@.

Ahora, léelo como si te lo estuviese contando alguien que le ha pasado eso mismo. Y tú le tienes que dar un consejo.

¿A qué se ve de diferente forma? ¿a qué si fuese un amigo tuyo sabrías que decirle y que aconsejarle?

Pues aplica ese consejo, y como te acabo de decir, no te tomes las cosas tan personalmente, tienes que empezar a saber soltar.

Y, sobre todo, cuando veas a esa persona, aunque sea de lejos, bendícela, dale luz y amor y déjalo en manos de dios, del universo, de quien a ti te inspire a seguir hacia adelante.

No hace falta que se lo digas a ella personalmente, pero cuando te venga un pensamiento negativo sobre esa persona, o te cruces con ella, mentalmente dile, Padre, Dios, Universo, pídele a aquello que tengas fe, dale luz y amor a esta persona y mirándola repite con tu mente, yo te bendigo.

Al principio lo dirás con rabia, y hasta te molestará pensarlo, pero poco a poco, veras como ese sentimiento va desapareciendo y tú te empezarás a encontrar mejor cada vez que repitas lo que acabo de decirte. Lo importante es que tu interior vaya sanando paso a paso.

Vamos a pronunciar esta afirmación para ti, para mí y para cualquier persona que quiera aplicarlo.

Pronúncialas con el corazón, para que tu subconsciente lo vaya asimilando y cada vez que las leas te convenzas que son ciertas.

YO SOY UNA PERSONA NUEVA,

EN LA QUE NADA NI NADIE OPINA EN MI VIDA

YO SOY DUEÑ@ DE MIS ACTOS

Y A PARTIR DE HOY

COMIENZA UN MUNDO MAGICO DE POSIBILIDADES

CONFIO EN EL UNIVERSO

Y EN TODAS LAS ENSEÑANZAS QUE ME ENVIA

ME AMO, ME RESPETO Y ME CUIDO PARA MI.

PORQUE YO SOY UNA PERSONA MARAVILLOSA.,

BENDECIDA Y LLENA DE LUZ

Confía en estas palabras, y siéntelas cuando las pronuncies, llénate de esa energía que tienen y veras como todo fluye y notas esos cambios a tu alrededor.

En las próximas páginas iré incrementándolas para que puedas afirmarlas y así tu mente las asimile poco a poco. Vamos a decretarlas, para que así nos vayamos familiarizando y las sintamos en nuestro subconsciente.

Quiero contarte la historia de una chica que se enamoró perdidamente en un chico y este también tenía los mismos sentimientos hacia ella, (o eso es lo que ella pensaba)

Los dos compartían la afición por la música, tocaban en una banda diferente, pero que en ocasiones se llamaban la una a la otra. Ahí, en una de esas actuaciones fue donde se conocieron, aunque al principio no hablaban entre ellos, las miradas eran mutuas. Después empezaron a hablar y Cada vez que se veían se buscaban, no se decían nada de sentimientos, pero se saludaban y bromeaban. Ella, cada vez que lo veía su alma se estremecía, se le reían todos los huesos y dejaba cualquier cosa que estuviese haciendo, o hablando con otra persona, por acercarse a él.

Ella era muy tímida y aunque le hubiese gustado decirle algo acerca de sus sentimientos hacia lo que sentía por él, no se atrevió nunca. En una ocasión él, intento que ella le dijera algo, pero ella solo le dijo que era "su tenor favorito", (así lo llamaba y al parecer a él le gustaba que le llamase así) Este chico tampoco le dijo nunca nada acerca de sus sentimientos. Ella creía que era por el mismo motivo, no se atrevía por ser tan tímido como ella.

Estuvo un tiempo que él, no iba a tocar y ella preguntaba a sus compañeros, pero no sabían decirle nada. Porque no tenían ni idea de donde estaba. En una ocasión, se acercó a un compañero de la banda de música donde el tocaba y le preguntó por él. (de una manera que no se notaran sus sentimientos) a lo que su compañero respondió:

-Sé porque preguntas por él, no te creas que no me he dado cuenta de cuando estáis juntos. (ella se quedó sofocada porque no creía que sus sentimientos se notaban) su compañero siguió:

-Mira, olvídate de ese chico, el aparte de que es muy raro, el siempre está estudiando y se ha ido al extranjero a seguir sus estudios. Y esta vez se ha ido para quedarse allí.

¿Te imaginas la cara que se le quedo? se quedó asombrada, sin decir nada le dio las gracias y se marchó a otro lado.

No quiso hacer caso a ese comentario y prefirió pensar que en algún momento volvería. Pero el tiempo le daba la razón a su compañero.

A veces, estamos tan cieg@s a nuestros sentimientos que no nos damos cuenta, sin en realidad es amor o es obsesión. Ni siquiera le dijo que se iba, pero ella estaba dispuesta a seguir esperando.

Después de un año, en una de sus salidas con la banda de música, hizo amistad con unos festeros de la comparsa donde ella tocaba. Había un chico muy guapo y en todas las fiestas estuvo pendiente de ella. Las compañeras le decían que iba detrás de ella, pero, aunque sentía atracción, ella solo pensaba en el chico del tenor. Ese mismo fin de semana, viendo una película con una amiga recibió una llamada...el chico de la comparsa quería conocerla, se sorprendió mucho al ver que había estado buscando su número de teléfono para contactar con ella.

Le propuso de quedar y tomar algo, le confesó que le atraía mucho, y ella se sintió muy alagada por sus palabras, ya que nunca le habían hablado así. Se puso muy nerviosa, porque ella no había tenido ninguna relación, quería saber lo que era tener novio y vivir lo que estaban viviendo sus amigas, pero ella seguía esperando a su tenor favorito.

Estuvo varios días pensado en la cita que le propuso este chico. Le pidió consejo a su amiga, a lo que esta le dijo:

-Mira, yo desde el corazón te digo. Que intentes conocer a este chico. Sé que te gustaría seguir esperándolo, pero ya te dijeron que no va a volver, ni siquiera te dijo que se iba, y tú te mereces vivir y ser feliz.

Después de meditarlo durante dos o tres días, tomó la decisión quedar con éste chico, se conocieron y comenzaron una relación, aun así, seguía pensando este chico (en el del tenor). Llego el día del cumpleaños de ella, y el festero le regaló un tenor en un cristal de metra quilato. ¿sería una señal? Seguramente sí, pero ella en ese momento sintió rabia.

¿Por qué tenía que aparecer un tenor ahora? Y de todas formas él no estaba. (A veces nos llegan las señales de una forma que no sabemos percibirlas), Luego con el tiempo lo tuvo como un recuerdo. Ella sintió esa señal como si le hubiesen dado una foto suya para no olvidarlo.

Para su sorpresa a los dos meses de empezar la relación, se fue a tocar como de costumbre, y en esa ocasión su chico la acompañó, y su sorpresa fue verlo ahí, a su tenor favorito, ella se fue directamente hacia el para saludarlo y este enfadado le dio un pequeño empujón, diciéndole:

- ¡Vete, que tú ya tienes quien te cuide! (esas fueron las últimas palabras que cruzaron)

¿Cómo puede reaccionar una persona así? Puedes estar triste o confundido, pero nunca puedes tratar a una persona con desprecio, cuando te estaría esperando toda la vida, y encima, es él el que se va sin decir nada.

¿Cómo iba a saber ella que él si iba a volver? justo cuando decidió conocer a otra persona. *Él se enfadó y no quiso ni hablarle, ella estuvo casi 15 años intentando hablar con él, pero no lo consiguió.*

SI reflexionamos sobre este tema. Puedes darte cuenta de la dependencia emocional que sufrió esta chica solo por saber de esta persona durante tanto tiempo. Ella sentía que era su amor verdadero y ya lo perdió una vez, por eso se aferró a la esperanza de que volvería, solo por insistir todo este tiempo en hablar con él. Hasta que ella no se dio cuenta que le limitaba en su vida y en sus relaciones. No paró en insistir. Se volvió la mejor detective del planeta, se apuntó a todas las redes sociales para buscarlo cuando por fin lo encontró, se obsesiono, le enviaba mensajes en Facebook y solo esperaba su contestación, pero no hubo forma de que contestara.

Se obsesionó tanto que al final ella misma pidió que la bloqueara y es el único momento que supo que le leía.

Estuvo seis años esperándolo sin estar con nadie, solo por si volvía que no pasara lo mismo que la vez anterior, y después de ese tiempo, tuvo alguna relación pero no seria, por sentir ese mismo miedo.

Debes de abrir los ojos, y preguntarte a ti mism@ lo siguiente:

¿Tenía los mismos sentimientos hacia mí?

¿En qué momento me los demostró?

¿Me he montado yo una ilusión que no existe?

Lo has idealizado tanto que. ¿de verdad será esa persona que yo necesito?

¿O es parte de mi imaginación?

Si sentía algo por mí. ¿porque nunca me dijo que iba a estar un tiempo afuera?

¿Por qué no me enviaba ningún mensaje, y solo era cuando nos veíamos?

A veces, nos da miedo romper con el pasado.

¿Pero sabes la de cosas que nos perdemos por miedo a perder? ¿Y si nos valoramos un poco y empezamos a decirnos la verdad?

Y si en realidad volviese,

¿Porque tendrías que sentirte culpable, cuando lo has esperado más de 8 años y nunca ha querido saber nada?

¿No crees que ya has perdido demasiados años esperándolo?

Ahora piensa y visualízate dentro de 10 años, sigue sin llamarte y tú sigues igual, pensando en él, e imaginándote que viene, que una de las veces que abras el Facebook, va a estar su mensaje ahí, pero como siempre todo sigue igual y lo repito mil veces, tu ahí esperando. ¡¡DESPIERTA!!

¿Cuántas cosas podrías haber disfrutado en todos estos años? ¿A cuántas personas podrías haber conocido?

Respóndete todas estas preguntas porque te aseguro que va a merecer muchísimo la alegría.

Es muy duro plantearse todo esto, pero te va a doler unos días o quizás meses, pero no puedes tirar tantos años a la basura por una persona que no vale la pena, porque si en realidad te tuviese aprecio, te contestaría, se tomaría un café, o por lo menos te diría su situación, y podríais ser amigos. Pero si no tienes respuesta y has hecho lo imposible por tenerla, eso también es una respuesta. No insistas, deja ese sentimiento ir, tú ya has hecho tu parte, y dios, el universo o como quieras llamarlo, ya hará la suya.

A veces nos aferramos a lo que pudo ser, y dejamos perder la oportunidad de nuestra vida.

No idealices nunca a una persona, porque solo así conseguirás creer que es como tú piensas, y cuando en realidad venga a tu vida o si ya está en ella, la conoces más a fondo entonces es cuando te vas a hacer daño.

Te voy a hacer un regalo para que puedas tenerlo siempre a la vista, es un contrato para responsabilizarte en tu cambio personal, si de verdad quieres esa transformación, comienza por hacerte responsable.

Y cada vez que sientas ganas de volver atrás. Ten presente este contrato para poder recordar la promesa que te hiciste. ¿yo me comprometo, y tú?

Yo_______________________________________

A la edad de ____ años, decreto que ya me ha dolido lo suficiente.

Acepto todo lo que he vivido hasta ahora, y lo dejo atrás. Hoy comienza un gran cambio en mi vida, y decido tomar acción para cambiarla.

Me comprometo a quererme mucho más, a cuidarme, a mimarme, y sobre todo a saber estar conmigo a solas.

En este momento decido, que no me afecta nada de lo que piensen de mí, que me amo, me respeto y me valoro cada día más.

Que soy una persona con coraje y me hago respetar, en mi vida solo existe gente buena y llena de valores. Me bendigo cada día y agradezco todos los éxitos que viene en camino.

Con esta firma soy consciente del compromiso que me hago a mi mism@ de por vida.

En_____________________a____de____de 20___

Firma: ___________

TRABAJA TUS EMOCIONES.

Aquí tienes unas pautas para poder empezar a trabajar tus emociones.

– **EMOCIONES:** tu relación amorosa tiene que tener la misma emoción que cuando te compras un coche, o como si empezaras a construir tu propia casa. Debéis de hablar de vosotros sinceramente y poner unas pautas para la convivencia, y repartir las tareas y que las bases de vuestra relación sean siempre el respeto, la igualdad, el equilibrio, y cuidarse mutuamente... De vez en cuando hazte estas preguntas antes de tomar una decisión: ¿soy feliz en mi relación?, ¿tengo mi propio espacio ?, ¿cómo resuelvo los problemas con mi pareja?, ¿tomo mis propias decisiones o dejo a mi pareja las tome por mí?, ¿le doy a mi pareja lo que yo quiero recibir de él/ella o estoy siendo egoísta?, y ¿Podría hacer algo para mejorar la relación? ¿y si todas estas preguntas las hablara con mi pareja?

- **APRENDE A DECIR NO:** no va a pasar nada si dices que no a algo que no te gusta, debes de expresarte tal y como eres, tienes que tomar tus propias decisiones y decir lo que sientes o lo que piensas en cada momento, tienes que hacerte respetar, no tengas miedo a tener un conflicto, puedes tener una opinión distinta y eso no debe de perjudicar la relación. No debes de tener miedo a llevarle la contaría en algo que no estás de acuerdo con tu pareja, y tampoco a que, si lo haces, pensar en que se puede acabar relación.

- **ATRÉVETE A ROMPER:** Si has acabado una relación, no mires a atrás, esto es un cambio y después de esto llegará la bendición, no tengas miedo al cambio. Escúchate, aprende a vivir contigo, que mejor que conocerte a ti misma para saber realmente que quieres. Atrévete a hacer algo nuevo, y que no te limiten las personas de alrededor, siente tu alma que es lo que quiere, y que tu mente no te limite.

- **ACEPTAR LAS PÉRDIDAS:** Mucha gente va y viene en nuestra vida, debemos de aceptar cuando una persona ya no forma parte de nuestro aprendizaje, debe de irse a seguir aprendiendo y nosotros mismos también nos toca hacerlo. Aunque a veces duele, no debemos de aferrarnos a nadie, porque nadie estará completamente con nosotros toda la vida.

Simplemente cuando se marcha una persona por el motivo que sea, bendícela y deséale mucha suerte. Si estuviésemos toda la vida con las mismas personas estaríamos en un círculo en el que siempre haríamos lo mismo. ¿no crees? Por eso, unos tiran para un lado y otros para otro, es ley de vida.

– **DECIDE**: Cuando estás en una relación de dependencia es muy difícil pensar que podrías volverte a enamorar. ¿O crees que no sobrevivirías estando sola?, ¿no sabrías valerte por ti mism@?,¿se acabaría tu felicidad? Tienes que aprender, a valorarte tú mism@ y sacar de esa relación todo lo que has aprendido y lo que no vas a aprender con ella. Abre tu mente y hazte estas preguntas contestándolas con el corazón, no hace falta que las respondas al momento, siéntate, medita y deja que tu alma te responda, por mucho que a tu mente le duela.

- ESTAR SOL@: A veces es saludable quedarse solo para organizarte las ideas y los sentimientos, empezar de cero no es tan malo, te ayuda a conocerte, a quererte, valorarte, a tomar tus propias decisiones y a buscar caminos nuevos y desconocidos para ti. Conocer gente nueva y sobretodo conectar contigo mism@.

Pregúntate de vez en cuando, también:

¿Cómo se sentiría tu pareja si lograses aumentar tu autoestima y ser independiente?,

¿Y si te dedicases más a las cosas que a ti te gustan?

¿Cuál sería su reacción si dieras tu opinión y dijeras cómo te sientes sin tener miedo?

¿Crees que tu pareja sería feliz si no dependieras tanto de ella?, ¿Crees que, si hablaras con tu pareja, de tu dependencia hacia ella, te comprendería y te ayudaría a salir de ella?

- DESINTOXICACIÓN EMOCIONAL: De vez en cuando es saludable tomarse unas vacaciones sentimentales, no estar con nadie, ni pareja, ni amig@ especial. Esto te ayuda a desintoxicarte de la necesidad de tener relaciones con una persona por el simple hecho de pensar que esto te va a quitar el estrés.

¿Has pensado en la cantidad de energía y del tiempo que dedicas en ello? Estar sol@ una temporada te va a ayudar a organizar tus sentimientos y tus pensamientos, puedes dedicar tu tiempo en hacer grandes proyectos, y utilizar tu energía en ti mism@ y más tarde en los demás. Recuerda que una mente clara toma mejores decisiones.

Disfruta de tu soledad, y cuando estés con alguien, de su compañía. Conoce gente nueva, cuida a la gente de siempre. Diversifica afectos y únete a grupos de personas que se juntan para aprender, para compartir aficiones o pasiones.

- CELEBRA TUS ÉXITOS: Cada vez que consigas algún logro por pequeño que sea, celébralo, tomate una copa de vino, o sal a pasear, cualquier cosa que te guste hacer, o date un capricho.

La historia de María

La baja autoestima de María, le venía de una relación que tuvo maltrato psicológico. Ella al empezar con él, e irse fuera a vivir, se aferró a él, y sentía que tenía que estar siempre a su lado. Cada vez se alejó más de sus amistades, su pareja no soportaba a ninguna y por no discutir con él, prefería no quedar con sus amigas, siempre ponía una excusa.

Estuvo en esa relación toxica muchos años, pero su obsesión por intentar que funcionara fue lo que acabo con su autoestima, cada vez que hablaba en algún lugar, este le hacía sentir una persona que no sabía hablar, ni relacionarse, todo eran miradas avergonzadas por parte de él hacia ella. En muchas ocasiones, cuando intentaba dar su opinión sobre algún tema, este le daba un pellizco en la pierna o un pequeño golpe de aviso para que se callara.

¿Puedes hacerte una idea de todo lo que supone esa actitud durante varios años?

Ella en el fondo de su alma sabía que esa relación no llegaba a ninguna parte, pero creía que con 30 años que tenía ya no podía hacer nada porque se le había pasado el tiempo.

¡¡30 años!! Menos de la mitad de su vida y se veía como una persona de 90, en la que sentía que su vida ya había acabado.

Hasta que tomó la decisión de separarse, le costó muchísimo, pero lo hizo. El día que decidió irse de su lado, su pareja le pidió que se quedara un día más, y así lo hizo, aunque le vinieron dudas ella sabía por qué lo hacía, otras veces había pasado y al final se quedaba con él. Pero esta vez, se encerró en su habitación y no salió de allí hasta el día siguiente. Estuvo toda la noche llorando.

A la mañana siguiente su pareja la llevó a casa de sus padres, y una vez allí, fue cuando los sentimientos y emociones empezaron a brotar, se vio envuelta en un miedo que ella desconocía, le daba miedo acercarse a hablar a cualquier chico, y solo salía con una amiga o con su hermana. Estuvo yendo a una psicóloga que le puso las pilas y poco a poco fue quitándose capas de ese malestar. No fue fácil, además tienen un hijo en común y esto les hacía tener que estar en contacto.

Hasta los 5 años de separada no se atrevió a quedar con un chico a solas. Solo de pensarlo se ponía malísima, empezaba a temblar y los nervios se e iban al estómago, las amigas cuando vieron eso no lo entendían. En muchas ocasiones estuvieron convenciéndola que tenía que tomar la decisión de acercarse a un chico.

Cada vez que se decidía a escribir a alguien, se ponía muy nerviosa, nunca sabía que decir, ni de qué manera entablar una conversación.

Todo esto pasa cuando nos aferramos a una persona y pensamos que ya no hay nadie más en el mundo,

¿Sabes cuantas personas hay en el mundo? Más de 7 mil millones.

¿Y no crees que pueda haber una persona mejor que te mereces de verdad?

¿Hasta cuándo vas a estar intentando salvar una relación que acabó hace mucho tiempo?

¿Y hasta dónde vas a aguantar por una persona que no te valora?

Tienes que valorarte, y aceptar que una relación ha acabado. Sé que cuesta mucho alejarte de la persona que crees que amas. Mírate al espejo, y analiza a la persona que ves, en tu mirada vas a descubrir muchas emociones, va a mirar en profundidad y te vas a dar cuenta que es lo que ocurre de verdad. Amate, y mírate al espejo todos los días diciéndote cosas bonitas. Animándote y sonríete, mira esa sonrisa tan bonita que tienes y enamórate de ella.

Al principio te sentirás algo incomoda y hasta sentirás vergüenza y te apartaras, pero créeme que poco a poco te iras acostumbrando a verte enfrente del espejo, no solo para ver si te para bien ese pantalón o ese conjunto, sino mirándote a los ojos y viendo tu alma a través de ellos.

Cuando empecé a hacer este ejercicio, me daba mucha vergüenza y me alejaba, pero poco a poco este ejercicio lo utilizaba como un juego y ahora cuando me pongo delante de un espejo, ya sea en mi casa o en cualquier otro lugar me miro y sonrió para mí. me miro a los ojos y veo esa mirada cada vez distinta, más bonita, más alegre, más feliz. Eso nos pasa porque nos ocupamos tanto de estar tan pendiente de los demás que nos olvidamos de nosotros, sobretodo de nuestro interior.

¿Si tú no te quieres porque tiene que hacerlo otra persona? No te hace falta nadie para ser feliz.

Encuentra esa relación en la que puedas ser tu mism@, y estarás con esa persona para disfrutar del viaje de la vida juntos. ¿para qué quieres a una persona que te limita?

Hace muchos años, en una pobre aldea china vivía un labrador con su hijo. Su único bien material, aparte de la tierra y de la pequeña casa de paja, era un caballo que había heredado de su padre.

Un buen día el caballo se escapó, dejando al hombre sin animal para labrar la tierra. Sus vecinos —que lo respetaban mucho por su honestidad y diligencia— acudieron a su casa para decirle cuánto lamentaban lo ocurrido.

Él les agradeció la visita, pero preguntó:

—¿Cómo podéis saber que lo que ocurrió ha sido una desgracia en mi vida?

Ante estas palabras alguien comentó en voz baja con un amigo:

«Él no quiere aceptar la realidad, dejemos que piense lo que quiera, con tal que no se entristezca por lo ocurrido».

Y los vecinos se marcharon, fingiendo estar de acuerdo con lo que habían escuchado.

Una semana después, el caballo retornó al establo, pero no venía solo: traía una hermosa yegua como compañía. Al saber eso los habitantes de la aldea alborozados, porque sólo ahora entendían la respuesta que el hombre les había dado, retornaron a casa del labrador para felicitarlo por su suerte.

—Antes tenías sólo un caballo, y ahora tienes dos.

¡Felicitaciones! —dijeron.

—Muchas gracias por la visita y por vuestra solidaridad —respondió el labrador. ¿Pero cómo podéis saber que lo que ocurrió es una bendición en mi vida?

Desconcertados, y pensando que el hombre se estaba volviendo loco, los vecinos se marcharon, comentando por el camino:

«¿Será posible que este hombre no entienda que Dios le ha enviado un regalo?».

Pasado un mes, el hijo del labrador decidió domesticar a la yegua. Pero el animal saltó de una manera inesperada, y el muchacho tuvo una mala caída rompiéndose una pierna.

Los vecinos retornaron a la casa del labrador, llevando obsequios para el joven herido. El alcalde de la aldea, solemnemente, presentó sus condolencias al padre diciendo que todos estaban muy tristes por lo que había sucedido.

El hombre agradeció la visita y el cariño de todos. Pero preguntó:

—¿Cómo podéis vosotros saber si lo ocurrido ha sido una desgracia en mi vida?

Esta frase dejó a todos estupefactos, pues nadie puede tener la menor duda de que un accidente con un hijo es una verdadera tragedia.

Al salir de la casa del labrador, comentaban entre sí:

«Realmente se ha vuelto loco; su único hijo se puede quedar cojo para siempre y aún tiene dudas de que lo ocurrido es una desgracia».

Transcurrieron algunos meses y el Japón declaró la guerra a China. Los emisarios del emperador recorrieron todo el país en busca de jóvenes saludables para ser enviados al frente de batalla. Al llegar a la aldea, reclutaron a todos los jóvenes excepto al hijo del labrador que estaba con la pierna rota

Ninguno de los muchachos retornó vivo. El hijo se recuperó, los dos animales dieron crías que fueron vendidas y rindieron un buen dinero. El labrador pasó a visitar a sus vecinos para consolarlos y ayudarlos ya que se habían mostrado solidarios con él en todos los momentos.

Siempre que alguno de ellos se quejaba el labrador decía:

—¿Cómo sabes si esto es una desgracia?

Si alguien se alegraba mucho, él preguntaba:

—¿Cómo sabes si eso es una bendición?

Y los hombres de aquella aldea entendieron que, más allá de las apariencias, la vida tiene otros significados.

CUENTO SUFI.

Y tú, ¿cómo ves y consideras las cosas que te suceden?

¿Te dejas llevar por el primer impulso y el primer pensamiento sobre las situaciones que vives y las personas con las que te relacionas?

¿O buscas el sentido y el significado que puede enriquecer tu vida?

DEPENDENCIA EN LA AMISTAD

La dependencia, se entiende por depender de una persona, y soportar muchas cosas de las cuales nos pueden afectar mucho la autoestima. (más de lo que se tiene) como, por ejemplo:

Gritos, humillaciones, chantaje emocional, órdenes etc.

Una persona que tiene la autoestima baja, puede llegar a soportar barbaridades solo por tener un amigo. O ser aceptad@ por el grupo.

A veces llegan a hacer cosas inimaginables. Con tal de ser aceptad@s.

Esto me recuerda a las películas que veía, y estaban en la universidad o instituto. Y para estar en un grupo tenían que pasar varias pruebas. Bueno pues esto en la vida real puede ser tan peligroso como las escenas del otro lado de la pantalla.

Así como la dependencia emocional afectiva, la dependencia emocional en las amistades es un problema psicológico, donde una persona tiene la necesidad de depender de otra.

El dependiente siempre busca la opinión y la aprobación del causante y nos aferramos tanto a él que pasamos por muchas pruebas e humillaciones, de desprecio, y de culpabilidad hacia nosotr@s mism@s.

Catherine y Olga, se conocieron por internet, coincidieron en un grupo de fans de su cantante favorito. En el grupo compartían opiniones, fotos... en una ocasión hizo Catherine un comentario y Olga le contestó por privado, desde entonces comenzaron a hablar entre ellas más a menudo.

La relación de amistad era cada día más fuerte, era incluso mejor que con las amigas que tenían en su misma ciudad.

Hablaban a todas horas, cuando se despertaban por la mañana lo primero que hacían era darse los buenos días, y ya no paraban de hablar hasta la hora de dormir, estaban a kilómetros de distancia, pero siempre estaban acompañadas la una a la otra desde el otro lado del teléfono. Conectaron tanto que no había nada de su vida que no supiera una de la otra.

Cada una tenía a sus amigas de siempre, las de toda la vida. Ellas salían los fines de semana, aunque se la pasaban con el teléfono todo el rato, las amigas de Olga, en una ocasión le dijeron que se dejara el teléfono y que disfrutara del momento, esta se ofendió. Y estuvo varios días sin quedar con ellas.

Se aferró a la amistad que tenía con Catherine y dejo a un lado a las demás amigas, las veía en clase, pero siempre ponía alguna excusa a la hora de quedar.

Un día, pasó algo extraño, Olga se retrasó en llamar a Catherine, porque tuvo una caída y tuvo que ir al hospital, tuvieron que escayolarle la pierna y Cuando pudo conectarse para hablar con su amiga esta, no le respondió. Pero como ya era tarde, pensó que al día siguiente le contaría lo sucedido. Y así fue, al día siguiente le comentó todo lo que le había pasado. Su amiga, por el contrario, le dijo que al no contestar decidió salir con sus amigas que fueron a buscarla.

Al principio, Olga se sintió molesta y sentía celos, pero no quiso decir nada para no tener ningún conflicto a causa de una tontería. Ahora Olga tenía más tiempo para estar en casa y poder hablar todo el rato con su amiga.

Las dos seguían hablando de sus cosas todo el día, pero cuando llegaba la noche, Catherine empezó a dejar de estar tan pendiente del teléfono, decía que tenía que irse, sin dar más explicaciones. Poco a poco empezó a escribir menos a Olga y esta no encontraba una razón para que estuviera pasando esto. ¡ahora que tenían más tiempo para hablar! ¿porque ya no es lo mismo? ¿tendría ella la culpa de algo? Ella se hacía muchas preguntas, pero no encontraba una respuesta. Y, a la mañana siguiente cuando se conectaron, directamente le preguntó a su amiga, le dijo que estaban distanciadas y que la echaba de menos, empezaron a hablar para ver si ocurría algo que Olga desconocía, pero Catherine no decía nada, se quedó en silencio y no le contestó. Apagó el teléfono, desconectó el chat y no supieron nada durante unas semanas la una de la otra.

"Lo que ha sido creído por todos siempre y en todas partes, tiene todas las posibilidades de ser falso".

Paul Valéry

Olga estaba preocupada por su amiga, no sabía si es que le ocurría algo, pero ¿Por qué no confía en ella? ¿si entre nosotras no hay secretos? se sentía sola, ya que su amiga era la única persona que sabía todo sobre ella, se aferró mucho a su amiga Catherine.

No podía evitar echarse la culpa de ese distanciamiento, ya que, desde su caída, todo había cambiado. Le envió varios mensajes disculpándose, pero aun así no recibía respuesta.

En unos de sus últimos mensajes Catherine contestó, le dijo que estaba bien, que la perdonase, pero ahora había empezado a salir con unas chicas y eran sus nuevas amigas. Olga, no podía creer lo que estaba leyendo y siguió escribiéndole, e insistiendo para hablar con ella. Sentía tanto cariño hacia su amiga, que no podía pensar que esa amistad había acabado así, sin más.

Fue cuando empezó a plantearse que, igual que comenzó esa amistad seguramente se acabara, de la noche a la mañana. Y eso para Olga era muy doloroso.

Se sentía perdida y se planteaba a quien le iba a contar las cosas ahora, y en quien podía confiar después de eso se encerró en ella misma, y ni se arreglaba, ni salía, ni se sentaba en la mesa a comer con su familia.

Mientras tú lloras por tu amiga, ella seguramente estará disfrutando con otras.

¿Te das cuenta de todo lo que te pierdes mientras los demás disfrutan sin pensar en cómo puedes sentirte tú?

Estuvieron mucho tiempo sin saber la una de la otra, y mientras Olga se hundía en sus pensamientos y lágrimas, Catherine subía cada día, fotos nuevas en las redes sociales.... Olga miraba cada día a su amiga por las redes y aunque sentía dolor y mucha pena, no podía evitar buscarla para saber de ella.

Esto duró un tiempo, una tarde, Olga estaba tumbada en el sofá, en pijama, despeinada y sin ganas de nada. Tocaron el timbre y ni siquiera tenía ganas de levantarse para abrir la puerta (a parte estaba con la escayola en la pierna y le costaba mas) abrió su madre y eran sus amigas, las compañeras de clase, venían a verla y a quedarse un rato con ella, (le habían estado llamando a casa pero ella no quería hablar con nadie)

Se disculpó con ellas, y les contó todo lo que le había pasado. Pidió perdón unas cuantas veces, ya que ellas siempre se habían preocupado y Olga solo quería estar con su amiga Catherine, le daba seguridad, la veía una persona fuerte y segura de sí misma y de todo lo que hacía, no tenía miedo a nada y ella se sentía importante siendo su amiga, aunque fuese en la distancia, se sentía protegida.

Las amigas sabían que algo estaba pasando, pero creían que era con un chico con el que hablaba tanto, echaron unas risas y las amigas aceptaron las disculpas. Aunque Olga sentía lastima por no tener la amistad de Catherine, estaba feliz de haberse dado cuenta de las amigas que tenía y que casi pierde.

A los meses recibió una llamada de Catherine, y aunque Olga estaba con sus amigas, contestó la llamada, quería saber de ella, como estaba y esta le respondió muy bien. Se alegró de saber de Catherine, y aunque a veces hablaban por el chat ya no era no mismo. Olga lo paso muy mal y a parte de sus amigas tuvo que ir a terapia porque a veces se venía abajo y así *se lo recomendaron y gracias a esa ayuda hoy sabe quererse, valorarse y tomar sus propias decisiones.*

¿Cuánto tiempo tiene que pasar para darte cuenta de que una amistad se ha acabado?

Siento no poder decirte una fecha en concreto amig@, a cada persona le duele de una forma diferente y además abren los ojos en un tiempo distinto.

En mi experiencia con la amistad, en algunas ocasiones me he dado cuenta en meses, pero en otras hasta años.

Estarás de acuerdo conmigo, que en muchas ocasiones creemos que esa amistad nunca se va a acabar, y tú pones todo de tu parte, pero la otra persona, sea por la causa que sea se distancia.

Si solo pensamos en que nos hemos quedado solos, lo único que vamos a ver y sentir es la mismísima soledad.

Entonces….

¿En qué debo de pensar? ¿qué pensamientos serían los correctos?

Pues bien, después de escuchar varios testimonios incluso el mío propio, la primera pregunta que debes de hacerte es la siguiente.

¿Realmente se ha acabado esta amistad? Si la respuesta es afirmativa. Debes de aceptarlo. Nunca fuerces ninguna relación, de amistad, afectiva, laboral, familiar…….

De vez en cuando hay que tomar distancia para saber si esa amistad era sincera, y en esa misma distancia puedes darte cuenta que deberías de haberla tomado desde hace mucho más tiempo.

Nos han acostumbrado a creer que una relación, sea cual sea debe de ser para toda la vida, que pase lo que pase, debemos perdonarnos, y lo que debemos de ser conscientes es que todo es pasajero, te voy a poner un ejemplo.

Está claro que perdonar debes de hacerlo, ya no por esa persona sino por ti mismo. Olvídate de todo lo malo que pasó, y no pienses si en algún momento contará todos los secretos que le confiaste, seguramente te arrepentirás de la confianza que depositaste en ella, pero lo hecho, hecho esta.

No te digo, que no le cuentes a nadie tus cosas, porque cuando estas triste, con impotencia de no saber qué hacer, siempre tienes la necesidad de buscar a alguien, para contarle lo que te pasa y tener su apoyo y hasta una opinión.

Siempre tenemos la necesidad de que nos escuchen, cuéntaselo a esa persona que te de confianza (pero recuerda que es tu total responsabilidad).

Puedes empezar por algo pequeño. Y si notas que esa persona no te escucha, en cuanto antes te des cuenta, antes dejarás de contarle tu vida a gente que no lo merece. Yo sé que lo haces por tener una opinión, un consejo.

También tengo que avisarte, que hay personas que no están preparadas para saber escuchar, y lo único que le puede estar pasando es que este peor que tú.

Te vuelvo a repetir, que todo lo que te pase en esta vida forma parte del aprendizaje de la misma, simplemente tienes que estar atent@ a las señales.

Es como la vida misma, cuando entras en el colegio, en prescolar te enseñan los números, colores…en primaria te enseñan a leer, escribir, más tarde a sumar, restar, dividir…etc.

Pues en la vida, deberás de ir aprendiendo todo aquello que se te presente; problemas, obstáculos, relaciones... Y ya sabes que, si no lo aprendes, repetirás curso, tantas veces como sea necesario, hasta que aprendas la lección.

¿Recuerdas la historia de María?

¿La chica que no fue fácil para ella tomar la decisión de separarse, y cuando lo hizo se bloqueó, salía solo con su hermana y una amiga?

Empezó a trabajar y allí había una amiga suya de casi toda la vida, se llamaba Rosa, esta casualmente también acababa de separarse y comenzaron a salir todos los fines de semana. se pusieron al día la una de la otra, ya que estaban muchos años sin verse.

María le contó a su amiga lo que había pasado y como se sentía después de separarse. Le confesó el pánico que sentía a estar a solas con un hombre ni aunque fuese para tomar café y que estaba 5 años sin tener relaciones. Ella no entendía ese miedo, ya que tenía un carácter más fuerte y no se lo imaginaba.

La relación de amistad con Rosa, le ayudó a empezar a quererse un poco más, pero como te decía anteriormente le costaba muchísimo hablar con un chico a solas, ni siquiera por teléfono. De vez en cuando si se juntaban con amigos, pero siempre había más gente, en el momento en que se dirigían a María esta se ponía muy nerviosa. Muchas veces Rosa se enfadaba por la reacción de

María, pero esta no podía controlar sus emociones.

Está claro que sentimientos hacia algún chico tenía, pero había algo dentro de ella que siempre le tiraba para atrás. miedo, mucho miedo.

Rosa le animaba a que hablara con algún amigo, Y así lo hizo, pero cada vez que hablaba con algún chico siempre preguntaba a su amiga lo que tenía que decir, hasta en algunas ocasiones le dejaba el teléfono y que contestara ella misma.

María tuvo tal dependencia con su amiga Rosa, que no hacía nada sin que ella le diera su opinión, hasta que Rosa no daba su punto de vista, María no actuaba, y aunque pensara lo contario siempre hacia lo que le decía su amiga, no tenía personalidad propia.

Tenían una amistad que hablaban horas y horas por teléfono, y cuando colgaban era porque habían quedado para salir juntas. Eran inseparables.

Entre semana quedaban muchas veces para tomar algo y le daban muchas veces más de las 21h, al llegar a casa, su hijo tenía deberes y luego encima la tomaba con él. Rosa no tenía hijos. Y esta le insistía en quedar, a María le gustaba quedar con su amiga porque se sentía protegida y en cierto modo quería ser como ella, la veía tan segura de sí misma, que envidiaba su forma de ser.

Cada vez que salían, normalmente la que conducía era María, porque a la amiga no le apetecía, o prefería que condujera otra persona y así ella podía beber lo que le apeteciese. María, aunque se molestaba nunca decía nada, aunque sus gestos lo decían todo. No podía tomarse una copa, porque sabía que tenía que conducir. Muchas veces si la tomaba y luego sentía miedo a la hora de volver a casa.

Aquí se ve claramente la dependencia que María tenía hacia su amiga, sentía tanto apego hacia ella que le daba miedo, hacer o decir algo que le pudiese molestar a Rosa, y que esta se enfadara o acabase su amistad.

En alguna ocasión, si le comentó que condujera ella y no le sentaba nada bien. Asique cada vez que llegaba el fin de semana, por una parte quería salir, pero por la otra,   el pensar que estaba limitada, ya no le apetecía.

No sé si en algún momento has ido con tu verdad, le han dado la vuelta al asunto y aun sabiendo que tu tenías la razón te han hecho hasta dudar.

Pues bien, María sabía perfectamente que siempre conducía ella, y Rosa le hacía pensar que ella también lo hacía. Rosa lo que hacía era poner su coche, pero la que lo conducía era siempre María. Poco a poco, empezó a darse cuenta de lo que estaba pasando, empezaba a sentirse mal y a ver cosas que no eran normales.

A veces Rosa se molestaba por tonterías, si iban a cualquier lugar para niños, tantas veces le decía que no (y María lo entendía porque su amiga no tenía niños) que una de las veces no le preguntó y tuvo una bronca espectacular, pero eso no se quedó ahí, en la siguiente ocasión se lo hizo pagar.

Quedaron con otra amiga para ir a la playa y se fueron sin María, esta lo tenía todo preparado, y cuando llamó para ver como quedaban, le dijo que ya estaba en la playa.

Aunque en ese tiempo en la única persona que se apoyaba era en Rosa, empezaba a cansarse, se sus broncas y sus desprecios (que también los había). María confiaba plenamente en su amiga, y le contaba hasta el más mínimo detalle, también lo hacía rosa, pero en alguna ocasión le pillo alguna que otra mentira. Tenía otras amigas, pero con la que se desahogaba plenamente era con Rosa.

En una de sus salidas, un día antes de Nochebuena, estuvieron de fiesta y a María, no le gustaba retirarse tarde. Llegó una hora en la que estaba ya cansada y se lo comentó a su amiga, estuvieron un rato discutiendo porque Rosa no quería irse, y eran más de las 3 de la mañana y María estaba agotada, pero su amiga quería quedarse en otro pub que cerraba mucho más tarde. Al final se fueron a casa.

Rosa durante la vuelta a casa no paraba de decirle cosas que a esta le afectaban a María, la amiga la verdad es que tiene un carácter muy fuerte y María demasiado débil. se sentía como si fuese una mala persona, y le hacía sentir como si nunca se hubiese quedado con ella más tarde.

Se tiró toda la noche llorando y el día de nochebuena, aparte de eso, se sentía la peor de las amigas por no haberse quedado más tiempo y que su amiga Rosa no se enfadara.

Mientras María estaba pasándolo francamente mal, y pidiéndole disculpas por teléfono, ella disfrutaba de la cena con su familia y hasta salió con sus hermanas de fiesta.

(María nunca le recriminó nada, aun decía, que era normal que no la llamara.)

Cuando pensaba en decirle algo, como Rosa tenía un carácter muy duro, a María le daba miedo que se acabara esta amistad.

Esa misma navidad, la noche de Reyes, María dejo en casa de sus padres a su hijo para celebrar el cumpleaños de Rosa. Ella lo hizo con gusto y su hijo también se quedó bien con los abuelos.

Dos meses después, fue el de ella, y ¿sabes cómo lo celebró? No lo celebró, tenía muchas ganas de salir y tomar, aunque fuese una copa con su amiga, tuvo una cena familiar y estaba deseando volver a casa para llamarla, pero casualidad que no cogía el teléfono, luego llamó a una amiga que estaba con ella y le dijo que se iban a casa ya, María, se sintió triste porque no había llegado. Pero se sintió peor cuando descubrió que se quedaron unas horas más.

Un día María, conoció a un chico y empezaron a hablar por teléfono, le dio tanta confianza este chico que sin darse cuenta le confesó el bloqueo que tenía hacia los hombres, pero este seguía tratándola con cariño y le hablaba muy bien.

Al principio, lo llevó en secreto porque este chico le dijo a María que no contara nada de su amistad, pero no pudo resistirse a contárselo a Rosa, era su amiga, y sentía la obligación de contárselo, sino era como si la estuviese traicionando.

Le contó que había conocido a un chico, y que hablaban todos los días por teléfono, y Rosa se puso muy contenta de ver que María por fin empezaba a relacionarse. Cuando quedó con este chico la primera vez para verse, hasta el último momento estuvo Rosa al teléfono, tranquilizándola y aconsejándola.

También, cuando tenían alguna discusión, María siempre le pedía su opinión a ella, sentía tanta dependencia que no era capaz de hacer algo sin preguntárselo a Rosa.

Poco después, en una conversación con una chica que trabajaba en el supermercado donde compraba María, salió el nombre de este chico, y por la forma que hablaba la dependienta de él, María, no pudo remediar, pensar que también podría estar con esta chica.

En una de las veces que María quedó con Rosa, Se llevó sorpresa, la chica del súper estaba sentada con ella tomándose una copa, María se sentó alucinada, y la saludó, mientras digería lo que estaba viendo, dentro de sí misma se preguntaba.

¿Qué hará esta chicha aquí?

¿Será familia de Rosa? ¿estará con el chico con el que yo estoy?

María, tenía la tendencia de verse siempre inferior a las demás chicas, a todas las veía mejores que a ella misma. Cuando se marcharon, María espero un rato y llamo a Rosa, para preguntar de que conocía a la chica del súper y esta le dijo que eran muy amigas desde hacía muchos años.

A los pocos días, María le confesó a Rosa, que tenía la sospecha de que su amiga estaba con este chico, la verdad es que parecía una locura, pero Rosa se metió en las redes sociales de su amiga y las dos pudieron comprobar que eran amigos y se seguían mucho. Rosa le pregunto a María si quería que le preguntara a su amiga y así salía de dudas, Al principio, le dijo que sí, pero finalmente le dijo que no. María estaba convencida que esta relación que tenía con este chico era un aprendizaje para hacerse de valer.

Casualidad, que el fin de semana siguiente Rosa le dijo a María que no podía quedar porque había quedado con su amiga (la del súper) y que lo mismo le sentaba mal si iba ella. Y María se quedó en casa.

Al día siguiente, María llamó a su amiga para preguntarle cómo se lo pasó, y esta le dijo que muy bien, que no habían sacado el tema de su amigo ni nada. Aunque María quiso creerle, la duda la tuvo ahí. Pero ella sabía que la verdad siempre sale a la luz.

Pasó una semana y era la semana santa, Rosa le pidió a María de ir a ver una procesión y esta accedió a ello, cuando sacaban a la virgen, Rosa empezó a llorar y no paró hasta que se fueron. Decidieron irse a tomarse algo antes de irse a casa. Y ahí en ese momento es cuando Rosa no pudo más y le confesó todo. Había hablado con su amiga y esta si estaba con ese chico, como sospechaba María. En un principio se puso nerviosa, pero luego se le pasó Rosa le dijo que su amiga no quería saber nada mas de este chico y que no iba a meterse por el medio. Y que, si quería que la ayudara, que sin duda lo haría

Te puedes imaginar, María como estaba, en ese momento se sentía especial, su amiga Rosa y la amiga de esta estaban preocupadas por ella, y querían ayudarle.

El chico, estuvo intentando quedar con María, pero a la vez también le insistía a la amiga de Rosa.

María, decidió que iba a quedar con él para hablar las cosas de una vez, ya se sentía con fuerzas para ello, y se lo confesó a Rosa, lo que esta le dijo es que llevara cuidado porque al igual que era su amiga también era amiga de la otra. Pero María le dijo que solo iba a decir que sabía que tenía otras relaciones a parte de la suya.

La sorpresa vino, una mañana cuando estando trabajando, sonó el teléfono de María y era él. Le empezó a decir de todo por WhatsApp, (ella no sabía qué hacer, con el teléfono en la mano y viendo la cantidad de cosas que él estaba diciéndole). sentía rabia de no saber que estaba pasando y a la misma vez estaba asombrada porque él se había adelantado.

María, llamó a Rosa y encima se enfadó por molestarla por una tontería así (para ella lo era, pero para María no.) La amiga de Rosa se cansó de él y al final su única manera de quitárselo de encima fue metiendo a María por el medio. (seguramente ella no estaba limitada como María, cuando Rosa le dijo que ella era su amiga pero que la otra también)

A partir de ese día sucedieron cosas que poco a poco fueron abriendo los ojos de María. Su amiga Rosa se interesó más por cómo se podía sentir su otra amiga que la propia María.

Imagínate, llamas a tu amiga para saber que ha pasado, te intenta hacer ver que es una tontería, cuando para ti es un auténtico infierno y, además, te dice que después de ver lo mal que lo estás pasando tú, que está preocupada por como pueda estar su amiga.

Se suponía que las dos eran sus amigas ¿no?, pero ella de volcó más con la otra (así lo vivió María). Esos días estaba perdida, no sabía que hacer, le envió un mensaje a Rosa, diciéndole que no se encontraba bien. (solo buscaba el apoyo o las palabras de su amiga, la que siempre estaba ahí, detrás del teléfono.) No tuvo respuesta.

Ese fin de semana su hijo estaba con su padre y ella se encerró en su casa, sin parar de llorar, desolada, no quería contarle a nadie más lo sucedido, no quería reconocer lo que estaba pasando, tuvo pensamientos de cometer una locura. (le entró mucho miedo cuando le vino su hijo a la cabeza)

Sus pensamientos eran totalmente contradictorios, asique decidió meterse en la cama y estar allí hasta que esas ideas desapareciesen de su mente. Todo ese dolor, le llevó a un estado que ya no podía tocar más fondo. (se sentía sola, y traicionada por su amiga)

Sentía tanta dependencia hacia su amiga, que no se daba cuenta que la manejaba como ella quería, aunque la ayudo mucho a salir de eso bloqueo que tenía, también se beneficiaba de su humildad y su dependencia hacia ella, consciente o inconscientemente Rosa se aprovechaba de la bondad de su amiga.

¿Te ha pasado alguna vez algo similar?

Cuando duele lo te suficiente tienes dos opciones, o te encierras en ese estado y sigues lamentándote, o pegas un salto te miras en el espejo y te dices a ti misma, **¡vamos a salir de esta, preciosa**! y entonces fue cuando María reaccionó.

Le costó, como a todo el mundo que está con la autoestima por el suelo, pidió ayuda profesional, se metió más en lo espiritual y a escuchar su voz interior.

Pero lo más importante de todo, es que empezó a ver las cosas como eran de verdad, pidió consejo a otra amiga y aunque muchas de las cosas le dolían, las reconoció y tuvo que dejar atrás muchas de ellas.

Todo es miel sobre hojuelas hasta que alguien empieza a ser intermitente en tu vida.

¿Qué pudo hacer María para salir de ese dolor que sentía?

Sabemos que cuando hemos sufrido algo así, no existe consuelo que te puedan dar.

En primer lugar, María no paraba de llorar. Bien, cuando sientas ganas de llorar, hazlo. mas asegúrate de tirar hasta la última lágrima por ese dolor, para que no vuelvas a llorar por el mismo motivo.

A partir de ahí, tienes reconocer que a la hora de elegir a quien apoyar, no te eligió a ti. En este caso lo mejor hubiese sido no involucrarse, pero cuando lo hizo seria por algo. Más no fue así.

Cuando pasan unos días y entonces ya estar mejor, ¿te llama? ¿Dónde estaba cuando necesitabas que te escucharan? O

¿En qué momento te llamó a ti para ofrecerte su apoyo como amiga igual que se lo ofreció a la otra?

"No hay mal, que por bien no venga"

Mientras pasan los días sin respuesta, esa dependencia ya la estas eliminando inconscientemente, y conforme vayan pasando los días lo descubrirás y veras que no hay mal que por bien no venga. Y aunque esa amiga ya no esté a tu lado, hay miles de personas para conocer.

Sé que te duele, pero ¿qué es lo peor que puede pasar si no tienes ya a esa persona a tu lado?

Sal a la calle y relaciónate con otras personas, a veces nos enfocamos en una sola cuando tenemos miles fuera queriendo nuestra amistad. ¿Tienes herman@s? apóyate en ell@s, pídeles consejo. Queda con ese/a amig@ que hace tiempo que no ves y que te dijo que le llamaras. O simplemente enfócate en algo que te motive, leer, la música, el deporte, pero no te quedes en casa pensando en lo que pasó, eso ya forma parte del pasado.

Yo personalmente, puedo decirte que me quedé sola prácticamente, solo me dedicaba a trabajar, a mi casa y a mi hijo, a mi familia, pero sobre todo a dedicarme tiempo a mí misma. Entonces fue cuando empecé a leer los libros que me había comprado meses atrás de crecimiento personal, me tomé muy en serio el leerlos y hacer los ejercicios que había. Me metí en un grupo de Facebook que se llama Almas imparables de Laín García Calvo. Estudiaba la saga de LA VOZ DE TU ALMA.

Un mañana, vi un mensaje de una chica que quería hacer un grupo de estudio de uno de los libros, y decidí meterme en él. A partir de ese momento, empecé a conocer a mis nuevas amigas, con las cuales tengo muy buena relación, nos vemos en varias

ocasiones, y lo más importante de todo es que cada vez que las necesitas siempre están ahí. Unos de mis deseos era tener amistades verdaderas, de esas que les cuentas una cosa y tienes la total confianza que no va a ir a contárselo a la primera persona que cruce en el camino.

Y puedo asegurarte que esas personas existen.

¿A qué me refiero con dependencia?

¿Qué tienen que ver los amigos con la dependencia?

¿No son supuestamente el mejor apoyo?

Cuando una persona con baja autoestima, cualquier relación puede volverse tóxica, porque una persona así mide el grado de apego y fácilmente tiende a depender de esa persona. Lo que un día puede parecer la amistad más linda y envidiada, al día siguiente ves que nos es como lo creías, pero, sientes que te mueres sin esa persona. Y crees que ya no vas a encontrar a nadie para salir, charlar, quedar para cenar…

Por suerte, con el tiempo vas conociendo a la gente. Y hasta agradeces que muchas de las personas que tenías a tu alrededor desaparezcan, porque de no haberlo hecho seguirías como hasta entonces.

Lo que un día es fantástico, al siguiente parece surrealista, lo mismo no es al día siguiente, pero te aseguro que ese día llega. Y a veces te sorprendes en la manera que te das cuenta de ello.

Siguiendo con la historia anterior de María y Rosa, cuando te sientes engañada por tu amiga.

Si cada dos por tres, vas a estar recriminando lo que hizo, vete de su lado, no quiere decir que no la saludes, pero recuerda que por mucho que lo intentes, la confianza ya no va a ser la misma. Porque vas a estar siempre pensando en esa traición y te va a costar pasar página. Y sobre todo vais a estar sufriendo las dos.

No puedes reclamar lo que no es tuyo, aunque en muchas ocasiones te cueste aceptarlo.

María con el tiempo comprendió la situación. Todo esto había pasado para saber que no puedes obligar a nadie a ser tu amig@ Aceptó, que su amistad ya no podía ser la misma, Rosa había elegido irse con su amiga y cuando intentó acercarse a María, esta le dijo que ya no era lo mismo. Pidió perdón si en algún momento podía haber sido una persona toxica para Rosa, pero esta solo se enfocaba en el chico por lo que pasó todo. También le dio las gracias por la amistad que habían tenido y por haberla ayudado en todo ese tiempo. María está segura que la historia del chico fue para saber en realidad qué clase de persona tenía a su lado.

Pues con las relaciones funciona igual, en la vida nos vamos a juntar con personas en las que vamos aprender algo, ya sea en cualquier área.

Mas, si pierdes la oportunidad de quedarte con ese aprendizaje, la vida misma volverá a repetirte algo similar, aunque con personas diferentes, hasta que consigas saber cuál es el porqué, de todo lo que está pasando.

Otra de las cosas que quiero decirte, es que a veces nuestro comportamiento también puede afectar nuestro mismo entorno.

Por ejemplo, tienes a tus amigos y te das cuenta de que solo te llaman en ocasiones, cuando entre ellos quedan más a menudo. Lo primero que sientes es que te buscan para conveniencias, y más tarde cuando quedas con ellos estas de mal humor por ese sentimiento, y parece que ellos se lo pasan mejor que tú.

Si reflexionas desde el primer momento te darás cuenta que:

1. Cada vez que te llaman dices que no, sea por el motivo que sea, Siempre tienes una excusa

2. Si siempre reciben una negativa por tu parte, seguramente hasta se les pasará avisarte, de todas formas, ya saben tu respuesta.

3. Si cuando estas con ellos, se ven felices…
      ¿Por qué no pensar que tú puedes ser uno de los motivos? Al fin y al cabo, después de tanto tiempo te decides a estar con ellos.

4. ¿Y porque no pensar que eres tú el/la que quedas con tus amigos por conveniencia? Total, la última palabra siempre la tienes tú.

En ocasiones, nos centramos tanto en el papel de víctima que no nos damos cuenta que todo está en nuestro interior. No te ofendas por la palabra "víctima", yo soy la primera que lo hacía hasta que comprendí, que actuando de esa forma me metía en el papel de quejas y más quejas. Y lo único que conseguía la mayoría de las veces era estar sola y sentir que nadie me entendía.

Tu forma de pensar, hará que aquello que pienses se refleje en tu vida y sin saberlo lo estas decretando sin querer.

Seguramente habrás oído de la ley de la atracción, de **El secreto** y como funciona, si no has tenido la oportunidad te invito a que investigues sobre ello. Y comprenderás muchas de las cosas que nos pasan a lo largo de nuestra vida.

"Los amigos no se miden con el tiempo de cono-
cerlos…si no por sus demostraciones de lealtad,
cariño y sinceridad, porque…. a veces quien más
crees conocer, es a quien menos conoces"

Pedro Bergman

Cintia era una chica que se dedicaba a los niños, y en su entorno también había muchos, ella era soltera pero sus amigas todas eran casadas con hijos o vivían en pareja, pero también con niños.

Aunque muchas veces la llamaban sus compañeras de trabajo para salir con ellas a cenar o simplemente tomar una copa, ella no quería dejar a sus amigas de toda la vida.

Tenía muy buena relación con las parejas de sus amigas. Y muchas veces bromeaban en presentarle algún amigo de ellos, pero Cintia era una chica de 25 años y creía en el amor verdadero, ella quería conocerlo por sí misma y no necesitaba que nadie se lo presentara.

Cuando Cintia estaba con sus amigas, se sentía feliz, pero al mismo tiempo sentía algo de celos, y nostalgia de verlas con sus niños, riendo jugando y sobretodo con sus parejas, cuando alguno le daba a su mujer un beso, o la cogía por la cintura, le hacía alguna caricia, eso ella lo echaba en falta y siempre lo deseaba. Los niños la querían mucho, y como ella tenía experiencia con ellos, y a que era profesora pues muchas veces se ofrecía para jugar. Era una chica que cada vez que la llamaban siempre estaba ahí para echar una mano, y si alguna de ellas tenía un problema con algo, si ella podía solucionarlo no dudaba en ayudar. En vacaciones decidieron ir todos juntos a la playa unos días, y contaron con Cintia como siempre lo hacían, Al principio dudó algo, porque ya sentía que ella cuando se fuese de vacaciones ir con alguna compañía, estaba bien ir con las amigas, pero luego cada una se iba con su pareja y ella quedaba sola.

Pero al final se decidió y se fue con ellos. Cuando llegaron todo estaba perfecto pasaron el primer día en la playa, después fueron a conocer la zona, pero cuando llegó la noche, querían salir a dar una vuelta, y empezaron a bromear con Cintia que se quedara con los niños y en una hora vendría una de las parejas para quedarse y así poder irse ella con los demás. Al principio se sintió molesta, pero pensó en su amiga y en que tenía derecho a disfrutar al menos de un café a solas con su pareja sin tener que estar pendiente de sus hijos. Y finalmente dijo que sí que quedaba. Mientras que ellos se estaban tomando una copa, Cintia se quedó con los niños, pero se durmieron enseguida ya que estaban destrozados de estar todo el día batallando. De modo que, decidió arreglarse para cuando viniera la pareja de amigos que dijeron que vendría. Pasaron dos horas y Cintia estaba que se dormía, llamo por teléfono y no contestaban. Ni unos ni otros. Llamó a las tres amigas y ninguna de ellas cogía el teléfono y sus parejas tampoco. Estuvo preocupada toda la noche por si había pasado algo.

A las cuatro de la madrugada oyó un golpe y se levantó de un salto, eran ellos que venían con risas y un poco bebidos. Cintia se hizo la dormida y pudo escuchar a sus amigas diciendo:

-La pobre, al final se arregló para salir y se quedó dormida, pudo escuchar alguna carcajada.

Ella se contuvo y cuando se metieron en sus habitaciones a dormir, no pudo contener las lágrimas y echo a llorar, no había nadie que la pudiera consolar, se quedó esperando para tener una noche con sus amigas.

A la mañana siguiente, de despertó con los ojos hinchados, pero Cintia le echaba la culpa a la alergia, sus amigas se disculparon y ella las acepto. Tenía tanto cariño hacia sus amigas que nunca dejaría de estar con ellas. siempre había estado pendiente de ellas, y como Cintia no solía beber era la que las controlaba y las llevaba a casa siempre, cuando eran solteras.

Siempre se había sentido responsable por que no les sucediera nada. A lo largo de ese mismo día, no podía dejar de sentirse mal, llevaba todo el rato las gafas de sol puestas, estuvo oyendo lo bien que se lo pasaron la noche anterior y no dejaban de dar detalles de lo bien que se lo pasaron, en ningún momento se dieron cuenta que su amiga lo estaba pasando mal.

Veía esa complicidad que tenían las parejas y ella se sentía desplazada, ¿desde cuándo empezó todo esto? si yo siempre he sido una más, ¿Por qué ahora se comportan así?

Empezó a hacerse varias preguntas, y poco a poco empezó a sacar conclusiones. Cada vez que pensaba algo malo de alguna de ellas no podía evitar echarse a llorar ¿de verdad que mis amigas son así? ¿cuando empezaron a cambiar?

Cada vez que los niños se peleaban, mandaban a Cintia porque era ella la que normalmente sabia como enseñarles a acabar la diferencias. Y la alababan por eso. En uno de esos momentos ella se dio cuenta de algo más.

En ese momento sonó el teléfono y era una de sus compañeras del colegio donde ella trabajaba. Quería saber si le apetecía quedar para el fin de semana siguiente, y esta le dijo que sí. Y así quedaron.

Acabaron las vacaciones y aunque para Cintia no fueron espectaculares, si fueron muy reveladoras. No quería decir nada a sus amigas porque tenía miedo de perderlas, ellas se conocían desde que entraron al colegio y no se separaron nunca.

Llego el fin de semana, y llamaron a Cintia para quedar, pero les dijo que ya había quedado con una compañera. Una de ellas se molestó más que las otras dos. Y Cintia no entendía ese enfado. O lo mismo empezaba a entenderlo todo. Pero se disculpó y les dijo que no podía ir con ellas ese fin de semana.

Cintia se sintió muy mal por decirles que no, tenía miedo de que esa amistad se acabase, la cita con su compañera estuvo genial, pero Cintia no se encontraba bien y decidió retirarse pronto.

Estuvo varios días sin salir de casa pensando en lo que había pasado, su compañera que la vio preocupada el día que salieron la llamó varias veces y como no cogía el teléfono decidió acercarse a su casa. Cintia cuando la vio echo a llorar, ella creía que iban a ser las amigas las que se preocuparan por ella, la compañera estuvo a su lado hasta que dejo de llorar, no le pidió explicaciones ni nada, simplemente le dijo que se desahogara, finalmente Cintia tenía que contarlo porque no sabía si eran cosas suyas o en realidad es que había estado ciega todo este tiempo. Y le dijo:

-Somos cuatro amigas desde que empezamos preescolar, casi toda una vida, siempre hemos estado juntas, ellas han sido más atrevidas que yo en muchas cosas, yo siempre he sido más miedosa.

Siempre han sido las que vestían mejor que yo, se arreglaban más, mi familia era muy humilde y no me podían dar mucho más de lo que me daban.

A mí no me gusta beber alcohol, en alguna ocasión me puedo tomar una copa, pero nada más.

Cada vez que salíamos, era yo la que llevaba el coche, no me molestaba porque sabía que íbamos seguras, ya que ellas sí que bebían. En alguna ocasión han quedado para ir a festivales con otra gente y me hacían ver que no me llamaban porque yo allí me iba a aburrir, y hasta lo entendía. Cuando empezaron a tener niños, a mí me hacía mucha ilusión, yo estaba soltera, y eran como mis sobrinos, cada vez que nos juntábamos, jugaba con ellos, y si se peleaban a la que siempre le hacían caso era a mí, yo me sentía la persona más importante para mis amigas. Y estos días que hemos estado en la playa, me paso algo de lo que me di cuenta que todo no era como yo creía. Me duele mucho tener que contar esto de mis amigas. Añadió.

Me quedé con ellos para que saliesen a tomar algo, mientras que yo me arreglaba una de mis amigas vendría para quedarse y yo salir con las demás, y no vinieron, me dejaron allí, no me cogían el teléfono, y más tarde cuando vinieron se lamentaban por mí, y se escuchaba alguna risa, yo me hice la dormida, pero mis lágrimas recorrían mis mejillas y no pude parar de llorar en toda la noche, lo pase fatal.

Su compañera la escuchaba atentamente sin decir nada.

Finalmente me he dado cuenta que todo este tiempo me han estado utilizando, solo me querían de niñera, pensando bien las veces que nos juntábamos, pasaba más tiempo con los niños que con mis amigas, y cuando había alguna conversación interesante que estábamos a gusto, si había alguna riña con los niños decían:

¡Que vaya la tía Cintia!, y siempre me quedaba a mitad de la conversación.

Se disculpó hacia su compañera por no haberse quedado más tiempo con ella el día que se fueron juntas a cenar. Y ella lo comprendió.

¡Ah! Y también se enfadaron cuando les dije que había quedado contigo. He pasado unos días realmente mal, y no sabía que hacer, se que ellas piensan diferente a mí, nunca he discutido con ellas porque una vez dije algo que no les gusto y dejaron de hablarme por unos días.

Su compañera la cogió y le di un abrazo, ella trabajaba en el colegio, pero no era profesora, esta era psicóloga, y vio la dependencia que tenía Cintia hacia sus amigas, estuvo aconsejándola, y le ayudó muchísimo las conversaciones que tenía con su compañera.

Cintia sequia viendo a sus amigas, pero aprendió a estar sin ellas, al principio se sentía mal, pero tenía que encontrarse a ella misma para saber quién era en realidad.

Sus amigas le preguntaban y ella les dijo que tenía que tomarse un tiempo, se disculpó con ella por no estar siempre como antes, pero que le apetecía salir con otra gente como con su compañera, que también estaba soltera y no encerrarse en un lugar para estar solo con los niños. Se sinceró y se sintió muy bien, siempre tratándolas con el respeto y el cariño que sentía por ellas.

¿Cuantas veces has necesitado que te escuche un/a amig@|?, le envías un mensaje, le llamas y nada. Ves que está en línea, tú estás desesperad@, no la quieres molestar, y ella sigue conectándose y ni siquiera lee tu mensaje.

Y cuando lo lee ni siquiera te contesta. No debemos obsesionarnos con el chat, porque puede ser un problema también y obsesionarte, yo sé que no se puede evitar cuando estamos en ese estado.

Tu solo quieres hablar con ella, (pero o ha llegado un momento en que ella se a agobiado y ni siquiera lo lee o pasa literalmente de hacerlo), y tú piensas, que cuando ha sido al revés has estado ahí, en cuanto has visto su mensaje o llamada, e incluso has estado pendiente de ella todo el día y si se tercia los días posteriores.

En plena transformación te vas a dar cuenta de quien si, quien no, quien a veces y quien nunca.

No te aferres a una persona sola, y más cuando esa persona no está contigo cuando más lo necesitas, puede sonar egoísta, pero si tú estás para todo, que menos que recibir un poco de atención cuando lo estas pidiendo.

También te digo, que tener a alguien a tu lado, que lo único que hace es lamentarse contigo y darte la razón en todo lo que dices, no te beneficia.

Seguramente si la amiga que estas intentando contactar con ella no aparece, es porque necesitas a alguien más claro,

Es decir, alguien que te ponga incomod@, alguien que te diga las cosas claras y que te haga abrir los ojos y salir de ese estado, y sé muy bien que en ese momento querrás escapar, y hasta dejar de ver a esa persona porque tu mente no te lo permitirá,

Un@ se siente más cómoda cuando te hablan y hablan del mismo problema siempre. ¡¡pues no!!

Entiendo, que hables de lo que te ha pasado, pero una vez dicho hay que buscar una solución y sobretodo ponerla en práctica.

Si no tienes a esa otra amiga que te ponga las pilas, debes ser tu misma la que salgas de ese victimismo y cambies, ya sea leyendo, meditando, planificando tus días, tus deseos, y sobre todo si crees que lo necesitas, pedir ayuda. Y no mires atrás.

Sabemos que podemos tener recuerdos, quédate solo con los buenos y de los no tan buenos, medita bien porque han surgido en tu vida, y mira dentro de tu interior porque ahí encontrarás el aprendizaje recibido.

Yo tuve una amiga que cuando le contaba algo sobre algún chico, al principio me apoyaba o simplemente me aconsejaba, bueno, hasta me ayudaba.

Cuando me veía pasarlo mal, se enfadaba, porque no entendía cómo podía sufrir de esa forma por una persona que no merecía ni la pena.

Y es cierto, nos enfocamos en aquello que queremos de una forma obsesiva, y como idealizamos las cosas a nuestra conveniencia, después no sabemos aceptar la realidad. Y no solo nos pasa en el amor. Nos pasa con las amistades también, a veces confiamos demasiado en las personas, porque sabemos que nosotros si vamos a serles leales. Y en eso debemos de llevar mucho cuidado.

No te estoy diciendo que no le cuentes nada a nadie, porque cuando estas triste, con impotencia de no saber qué hacer, siempre tienes la necesidad de buscar a alguien para buscar apoyo y contarle lo que te pasa.

Siempre tenemos la necesidad de que nos escuchen, cuéntaselo a esa persona que te de confianza. Puedes empezar por algo pequeño. Y si notas que esa persona no te escucha, cuanto antes te des cuenta, antes dejaras de contarle tu vida a gente que no lo merece.

Yo sé que lo haces por tener una opinión, un consejo. Pero hay personas que no están preparadas para saber escuchar, y lo único que le puede estar pasado es que este peor que tú.

Nunca te sientas mal por haberlo dado todo sin recibir nada a cambio. Pues cada uno da lo que lleva dentro, no lo olvides.

"Jamás lamentes ser bueno con las personas equivocadas. Tu conducta dice todo sobre ti; y la conducta de ellos, dice bastante sobre ellos".

Cuando haces daño a una persona

Una vez un hombre hizo daño a un gran amigo suyo, este le tenía mucha envidia porque había conseguido todo lo que él hubiese querido y empezó a contar cosas falsas sobre él y sus mentiras lo hirieron gravemente.

Todas esas mentiras llevaron a la ruina al amigo y este hombre al ver todo lo que estaba pasando se arrepintió, decidio visitar aun viejo sabio para que lo ayudara a solucionar el problema que había causado con su amigo.

Cuando llego le dijo al viejo sabio:

-Me gustaría reparar un grave error que cometí con un amigo al cual le he hecho mucho daño. ¿podrías ayudarme?

-Y el viejo sabio le contestó

-Toma, te voy a dar este saco de plumas y quiero que vayas echando una pluma en cada paso que des. El saco estaba lleno de plumas muy pequeñas.

El hombre se puso muy contento por lo que le había mandado hacer el viejo sabio, ya que no era tan difícil lo que le había encomendado para reparar el error. Tardo varios días en vaciar el saco de plumas pero cuando lo consiguió, enseguida fue a visitar al viejo sabio. Y le dijo:

-Ya he acabado de soltar todas las plumas que había en el saco

El viejo sabio contestó:

-¡muy bien hecho! Eso era el trabajo fácil, ahora llega la parte mas difícil, debes de recoger cada pluma que soltaste y meterla de nuevo en el saco que te di.

El hombre se puso muy triste porque sabia que eso le iba a costar demasiado tiempo y era muy difícil recogerlas todas. Al cabo de los días, llego cabizbajo sabiendo lo que esto significaba y el viejo sabio le dijo.

Espero que comprendas esto que has hecho, al igual que has intentado recoger todas las plumas, cuando las soltaste unas se las llevo el viento y otras se mojaron con la lluvia, así como tus comentarios hacia tu amigo corrieron de voz en voz sin poder detenerlos.

Sabes que el error ya está hecho y lo único que puedes hacer es ir a casa de tu amigo, pedirle perdón por lo sucedido y lo más importante no volverlo hacer.

Esta reflexión nos enseña a entender que cuando hacemos daño a alguien, por muchos que después nos arrepintamos no hay solución para remediarlo. Si tú criticas a tu amig@, y dices barbaridades sobre él/ella, después debes de ser consciente que esa misma gente seguirá hablando sobre tu amig@ y se extenderá tu comentario, y no aun así mucha de las personas lo exagerarán y añadirán más cosas a la historia.

Te propongo que hagas lo siguiente:

Tienes que ser sincera@ contigo mism@, ya que a la única persona que vas a engañar es a ti, además. ¿qué pierdes por decirte la verdad, si en esa libreta solo vas a ver tu lo que pone? A menos que lo compartas con alguien más, pero eso ya es tu decisión.

Si estás bajo el embrujo de la dependencia, posiblemente necesitarás sentirte aceptada, amada, querida y no aceptarás que ninguna persona de tu entorno se aleje. Eso se va convirtiendo e adicción, te obsesionas porque alguien te preste un poco de atención.

Este sentimiento, la mayoría de las veces llega a un punto de humillación inimaginable.

Tenemos tanto miedo a ser rechazados que llegamos a aguantar que nos humillen, nos maltraten, nos castigamos nosotr@s mism@s, somos capaces de echarnos la culpa solo porque la persona que tienes cerca no se vaya.

La mejor solución para salir de ese estado, es el amor propio. Hay que quererse más a un@ mism@, pasar tiempo a solas, ya sea en casa, paseando, tomando una copa

Ha llegado la hora de poner límites en tu vida, tanto contigo misma como con los demás. Si te cuesta decir "no" a los demás cuando te piden algo. No sabes responder a una pregunta que te hacen por miedo a la reacción que puedan tener hacia ti. Quedas con alguien y realmente no quieres ir, pero tampoco quieres que se enfaden contigo.

¿Te gastas más dinero de que puedes o tienes?, simplemente, porque si dices que no tienes dinero no te creen. ¿Eres de los que fumas, bebes porque los demás lo hacen y así te sientes dentro del grupo? Igual que en el cuento de "La Sirenita", es como si te hubieran robado la voz…

Seguramente En tu vida tendrás miedo de que te etiqueten de "egoísta", "de mala persona" y que se vayan de tu lado por este motivo. Déjame decirte algo, cuando haces todo esto solo por agradar a los demás, y en realidad tu no quieres hacerlo, estás vendiendo tu alma. Ella no quiere y tú la arrastras solo por querer sentirte bien. Solo vas a sentirte perfectamente cuando hagas lo que quieras de verdad. Porque de la otra forma te estás engañando a ti misma.

Entonces, vamos a hacer lo siguiente:

- Toma conciencia de la emoción que estas sintiendo y reconoce si hay un problema o no.

- Invierte en tu crecimiento personal, debes de centrarte en tu cambio personal si así lo deseas de verdad, creer más en ti y valorarte.

- Debes de centrarte en lo que en realidad quieres y dejar a un lado las opiniones de los demás, al fin y al cabo, la última decisión siempre debe de ser la tuya.

- Aprende de tu pasado y no mires a atrás, eso ya paso y no tienes que castigarte de por vida.

- Analiza tus emociones y asegúrate que aquello que siente de una persona no está en tu interior, a veces creemos que una persona es de una manera y lo que ocurre es que interiormente estamos nosotr@s así.

- Aprende a estar solo contigo mism@, disfruta de tu soledad, a veces ese silencio lo necesitamos para escucharnos nosotros mismos y saber qué es lo que queremos y/o necesitamos en realidad

Vamos con esas afirmaciones para subir tu vibración. Dilas con tanta emoción para que tu alma se impregne de esa energía…

YO SOY UNA PERSONA NUEVA,

EN LA QUE NADA NI NADIE OPINA EN MI VIDA

YO SOY DUEÑ@ DE MIS ACTOS

Y A PARTIR DE HOY

COMIENZA UN MUNDO MAGICO DE POSIBILIDADES

CONFIO EN EL UNIVERSO

Y EN TODAS LAS ENSEÑANZAS QUE ME ENVIA

ME AMO, ME RESPETO Y ME CUIDO PARA MI.

PORQUE YO SOY UNA PERSONA MARAVILLOSA.,

BENDECIDA Y LLENA DE LUZ

Estupendo querid@ lector/a,

Seguimos en el siguiente capítulo

DEPENDENCIA EMOCIONAL
FAMILIAR

La dependencia en la familia, es la más difícil de detectar y asumir. Ya que vamos adquiriendo esa emoción desde que nacemos y no nos damos cuenta, crecemos con lo que nos enseñan nuestros padres y nuestro entorno.

Cuando un padre/madre decide sobre los sueños que debe de tener un niño para cuando sea mayor, este ya no tiene derecho a su propio destino.

También existe dependencia, por parte del chantaje o manipulación hacia un hijo, ya sea porque el progenitor es viudo, separado… este le hace sentir que lo necesita.

También puede tener una persona dependencia, si de pequeño lo sobreprotegieron, esto no le da confianza después a la hora de tomar sus propias decisiones, aprende a apoyar a tus hijos sin tomar decisiones por ellos.

Entre otras dependencias, también está la de la hora de dejar el nido. Nunca los vemos capaces de que dejen de vivir con los padres, normalmente es a la madre, a la que le cuesta más concienciarse.

Imagínate una madre, que siente tal apego por su hijo (aquí digo en femenino porque como te acabo de comentar, normalmente es la madre de la que suele tener esa dependencia) que siempre está pendiente de él, de tal forma que muchas veces no lo deja ni respirar, les asusta que este crezca y se pueda ir de su lado. Y ni siquiera pensar que cuando se vaya, la posibilidad de que va a ser feliz con otra mujer.

Conocí a unos amigos que la madre de él, lo tenía tan protegido que no les dejaba estar solos ni un momento, nosotros le decíamos que estaba enamorada de él. Y así es, sabemos que nos enamoramos de nuestros hijos, pero cuando salen de casa lo único que podemos hacer es dejarlos volar y que sean lo más felices que puedan.

Siempre puedes aconsejarlos y estar para cuando ellos te necesiten, pero si te obsesionas porque necesitas toda su atención antes de que se la dé a su pareja, pues ahí es donde vas a tener problemas.

Pueden pasar dos cosas:

1-Que él se ponga de lado de su madre

2-que se ponga de lado de su pareja

Entonces solo puedo decirte que antes de reaccionar así, o si ya estas reaccionando de esa forma, vas a sufrir mucho.

No tienes que sufrir por ninguna necesidad, forma parte de la vida.

Amad@ lector/a, si tu hij@ quiere volar con otra persona, déjale porque ya es mayor de edad y puede tomar sus propias decisiones. No lo fuerces a estar contigo, porque puedes lograr todo lo contrario.

Toma conciencia de la situación y mentalízate en lo que acabo de decirte. Estés casad@, en pareja, solter@ o viud@. Tú ya viviste tu vida y ahora tu hij@ necesita vivir la suya propia.

Con mi propia experiencia te puedo decir que puedes vivir un auténtico sinvivir, por no poder ver a la pareja de tu hijo con él.

Conozco varios casos, y Josefina quería compartir su historia…

Cuando comencé mi relación con Pablo, desde el minuto uno sabía que su madre no me tenía mucho afecto que digamos, ella me veía muy inferior para su hijo.

Su hijo y yo discutíamos bastante por una dependencia que él tenía, y siempre nos faltaba dinero, me separé de él, pero volvimos a intentarlo, ahí fue cuando me quede embarazada y fue cuando su madre empezó a dudar de mí y de la paternidad de su hijo.

Tengo que reconocer que en el tema económico me ayudo bastante, a casusa de un tema personal, el dinero desaparecía y tenía que depender de ellos y de mis padres muchas veces para salir a adelante. (sobre la dependencia que nombra te hablare en mi tercer libro)

Yo siempre he sido una persona muy familiar y me gusta llevarme bien con todo el mundo, hasta que te das cuenta que eso es casi imposible.

Puedes tener respeto hacia las personas, pero ser amigo de todos no se puede, porque tú también tienes que hacerte respetar y ahí es cuando vienen las diferencias.

Una pareja tiene su vida con sus más y con sus menos, la mía fue de muchos altibajos. Nos separamos unas cuantas veces. Pero yo me cegué en que podía ayudarlo y aguante lo que mucha gente no aguantaría.

Cuando nació mi hijo, solo querían mandar en él, si querían hacer algo, no pedían permiso. Me querían quitar toda la autoridad que yo tenía como madre. Y ahí es donde venían las discusiones.

A ver, yo entiendo, que es tu nieto, pero tiene una madre. Por mucho que no te guste, pues es su madre. Y el seguirá siendo tu niet@.

Aun así, mi suegra me reconocía que desde que estaba conmigo veía más a su hijo. Pero daba igual, ella se buscaba cualquier excusa para despreciarme.

No sé si te verás reflejada en la suegra o en la nuera. Pero quiero aclarar que, en los dos casos, hay que ser humilde. Porque también he de decirte que yo he visto a una abuela llorar por estar sin ver a sus nietos muchos meses. Y cuando la visitaban, para ellos era una desconocida.

Cuando me quede embarazada, su madre dudaba de que fuese de su hijo, y de vez en cuando soltaba alguna que otra indirecta. Hasta un día fue a echarse las cartas. Te imaginas que preguntó, ¿verdad? No podía entender esa actitud y sobretodo que pudiera dudar de una cosa así. ¿No crees que eso era cosa nuestra? Bueno la historia no quedó ahí. Recuerdo en una ocasión, cuando vino con un conjunto que era muy bonito, era para mi hijo, y cuando me lo dio, sus palabras fueron:

-Toma este conjunto para el nene, se lo he comprado por si en algún momento le pasara algo, no se vaya sin arreglar.

No hace falta que te diga, la cara que puse, por el contrario, ella se quedó tan ancha. No quise decirle nada a mi pareja y eso lo sufrí yo por dentro, cada vez que veía esa ropa no podía de dejar de imaginar con que motivo me lo compró. Se lo puse solo una vez y creía que a mi hijo le iba a pasar algo. Imagínate mi hijo con una mortaja, hay gente enferma, y lo único que quieren es que tú te enfermes más que ellos.

A parte de todo eso y mucho más, casi al final de la relación, me dijo que no me quería, me lo dijo en la cara, esperó a que se fuese su marido y me lo soltó.

Yo finalmente decidí separarme, con ayuda de una buena persona, que estuvo detrás del teléfono en todo momento, me ayudo a terminar de abrir los ojos y a tomar la decisión.

Cuando me separé, le di el conjunto a mi ex, y le expliqué por qué no se lo ponía, aun quede como una idiota, y me dijo que le daba importancia a todo. en ese momento sabía que mi mejor decisión fue alejarme de esa familia Era un auténtico infierno. Vivía en un pueblo que no era el mío. Cuando contaba algo a las amigas que tenía, había una que se lo contaba todo a mi suegra. No podía desahogarme de lo que me pasaba porque luego se enteraba y después, discutía con mi pareja, yo personalmente, opté por irme con mi madre y el que se quedara con la suya. Por supuesto, que mi hijo se vino conmigo, por muchas amenazas de mi queridísima suegra, que iba a luchar por él.

Puedo decirte que, a día de hoy, aún sigue, si, es de risa, pero no me aguanta. E intenta llevarse a mi hijo a su terreno. ¿sabes? Creo mucho en los principios universales, afortunadamente me los he estudiado y sé que funcionan perfectamente. Si los aplicas para el bien, tendrás bendiciones, pero si los utilizas para hacer el mal. Ya sabes que vas a atraer a tu vida.

Te pido que medites todo esto, y que la historia de Josefina te sirva para reflexionar. Sabemos que hay muchas diferencias entre las personas, pero cuando está dentro de tu familia quieras o no, debes de aceptarlo. Dure lo que dure, pero siempre con respeto.

Seguramente el ego no te permita ceder, pero, ¿vas a esperar a tus últimos días para arrepentirte?

¿Vas a llevar esa carga emocional toda la vida?

¿Vas a dejar de disfrutar de tus nietos si los tienes, solo por el orgullo de no tener que pedir un favor?

Hazte estas preguntas y contéstalas, ¿qué pasaría si lo haces?, y después las contestas ¿y si no lo haces?, para que veas la diferencia de una reacción a otra.

Este esquema es sobre las emociones. Hay más de 250 emociones, busca en tu interior y realiza estos ejercicios y más tarde, en las emociones negativas, busca una solución para crearlas en positivas.

| 1. EMOCIÓN:
¿MOTIVO DE SELECCIÓN? | 2. PONLE CARA A ESA EMOCIÓN
(fotos, dibujos, colores) |

3. ¿QUÉ PASARÍA SI ESTA EMOCIÓN NO EXISTIERA?

| 4. DEFINE ESTA EMOCIÓN | 5. ¿PARA QUÉ CREES QUE SIRVE ESTA EMOCIÓN? |

6. ¿HAS SENTIDO ESA EMOCIÓN EN ALGUNO DE ESTOS MOMENTOS?

| Película: | Libro: | Familia: |
| Canción: | Momento: | Trabajo: |

Cuando empecé a escribir este libro quise contarte las mejores historias en donde tú te sintieras identificad@, y qué mejor que contar las mías propias, además de las que he podido ver de gente muy cercana a mí y/o personas de mi alrededor que las han vivido y las han sufrido. Para saber que no eres la única persona que ha pasado por esto y sobretodo que se puede salir de esta esclavitud emocional.

Voy a contarte una historia de un capítulo de mi vida. Es de una persona muy importante en mi vida, que ya no está en este plano Mi abuelo paterno, cuando yo tenía 9 años falleció y fue un duro golpe para mí (era la primera persona de mi vida que perdía).

Mi llayo, como lo llamaba yo, era una persona que muy buena, lo quería todo el mundo. Cuidaba de mis hermanos y de mi (para que mis padres pudieran trabajar), junto con mi abuela, pero él era el que nos llevaba el parque, el que se quedaba con nosotros y mi abuela se encargaba de hacer de comer y de estar en casa.

De pequeña era una niña feliz, recuerdo que me sentía como todo era perfecto. Salía a jugar a la calle con mis vecinos hasta cierta hora que salía una de nuestras madres, para llamarnos y cada uno volvíamos a casa, a la ducha y a la cama.

Estábamos en casa y se llevaron a mi abuelo, (el padre de mi padre) al hospital. Yo no sé qué es lo que le pasaba.

También estábamos mucho con mis dos primos por parte de mi padre, que vivían fuera, a una hora de camino en coche.

Mi abuelo era de un pueblo de la mancha(Ontur), se vinieron a vivir a mi pueblo porque aquí tenían trabajo, cuando mi padre tenía ocho años. Todo el mundo le quería, ayudaba a todo el que lo necesitaba y siempre sin pedir nada a cambio.

Llegó el día de noche buena, y en mi casa estábamos mis hermanos, mis dos primos de jumilla y yo, venían mis padres del hospital y estábamos esperándolos, mi abuelo seguía allí y mi tía esa noche se quedó con él.

Al día siguiente vino mi tío, él vivía con mis abuelos. Era el día de Navidad y comíamos en casa de la abuela. Mi tío nos dio 1000 pesetas a cada uno de aguinaldo. Estábamos tan contentos de tener tanto dinero. Pero mi llayo seguía sin venir y al acordarnos de él, la alegría del dinero desapareció. Pero mi tía nos animó y nos dijo si queríamos ir a verlo al hospital, eso nos cambió la cara a los cinco, mi hermano que tenía 3 años era como si lo entendiera todo.

Llegó el día que íbamos a ir a ver a mi llayo, pero mi tía nos dice que venía él al día siguiente, que le daban el alta y nos esperamos un día más. Imagínate lo contentos que estábamos de saber que ya estaba bien.

Llegó el día, 28 de diciembre de 1990.

Nos levantamos temprano estábamos jugando todo el día, y cada vez que nos cruzábamos con un adulto solo hacíamos que preguntar por nuestro abuelo. ¿ha llegado? ¿ha llegado?

¡Hasta que pon fin llego!¡¡Ya está aquí!!

Estábamos todos desesperados porque subiera esas escaleras y le pudiésemos dar todos unos abrazos. Y por fin estaba arriba, nos abrazamos todos a él (fue como si hubiese pasado una eternidad y solo pasaron unas semanas). Pero imagina estar todo el día con él. mientras que tus padres tienen que ir a trabajar, o en este caso mi padre para trabajar que estaba toda la semana fuera y mi madre en el campo. Porque en el pueblo donde yo vivo se trabaja la uva de mesa.

¡Qué bien! estábamos todos juntos, ese día si parecía que fuese Navidad. Los médicos nos dijeron que le daban el alta porque estaba bien, solo tenía que dormir con el oxígeno, pero ya está.

Mi primo y yo estábamos en la cocina jugando a las cartas, siempre estábamos peleando, pero la verdad es que siempre estábamos juntos. En ese momento se acercó mi abuelo para preguntarnos:

- ¿Qué estáis haciendo?

-Jugar a las cartas llayo. A todo esto, mi abuelo era sordo y no nos oía. Solo que estábamos tan acostumbrados que hablábamos con él por señas y yo creo que el más que entendernos, nos leía los labios.

- A ver que me siente yo con vosotros. (nos dijo)

¿No queríais aprender a jugar al tute? El tute es un juego de cartas que mi abuelo siempre jugaba con los amigos en el hogar del pensionista. Muchas veces se cabreaba, porque íbamos a buscarlo para que nos llevara al parque.

Nosotros: siiiii

Mi llayo nos enseñó a jugar, ¡¡ qué bien!! (estábamos muy contentos, porque se lo habíamos pedido muchas veces)

Cuando vio que ya estábamos dominando el juego nos dice...

Mi abuelo: bueno, seguid practicando que yo me voy a dormir ya

Nosotros: vale, vamos a jugar, le digo yo a mi primo.

Mientras, mi abuelo entró al baño y cuando salió, se acercó a nosotros diciendo.

Mi abuelo: venga dadme un beso que es el último que os voy a dar.

Yo no entendía porque nos decía eso, pero le di un beso fuerte y me puse otra vez a jugar con mi primo.

Esa noche nos quedamos en casa de mi abuela a dormir, era la primera vez que dormía allí con mis padres, mis hermanos y yo si nos quedamos muchas veces. Pero ellos nunca lo habían hecho. Mi tía esa noche se fue para su pueblo.

Eran las 6 de la mañana, y se escuchaba a una mujer, hecha una loca gritando que no me dejaba dormir, no sabía exactamente qué es lo que le pasaba, pero no paraba de gritar.

Yo estaba muy nerviosa, empecé a llamar a mi madre, pero no estaba durmiendo. Y empecé a chillar y a llamarla. Al fin vino, y me dijo que mi abuelo se había puesto muy malico. Entonces pensé que la loca que estaba gritando sin parar era mi abuela. Jolín, le acababa de llamar loca. Pero es que me ha despertado y no sabía que pasaba.

Yo seguía arriba, mis hermanos estaban dormidos (mi abuela arriba de su casa tenía una cámara, era una habitación de grande como casi toda la casa, donde allí estaban todas las camas juntas y dormíamos todos allí. Mis abuelos y mi tío dormían en la planta de abajo). yo solo hacía que escuchar gente, cada vez más, y los oía llorar y a mi abuela la seguía oyendo gritar. Y volví a llamar a mi madre otra vez. Finalmente subió y me dice que mi abuelo se había muerto.

Imagínate la cara, no sabía que decir ni que hacer, yo no entendía en realidad que significaba eso. Tenía nueve años y nunca me había pasado nada así. Quería saber qué significaba eso en realidad. Me bajé corriendo y vi a mi tía, (la novia de mi tío) allí, a alguna vecina, a mis padres. Todos estaban serios, en silencio y yo los miraba, pero nadie decía nada.

Yo quería ver a mi abuelo. Pero mi madre me aconsejó que no lo viera cuando estaba a punto de entrar, solo vi sus piernas allí estiradas y mi madre me decía que lo recordara así. Y yo solo hacía que mirarlo, lo tenía tan cerca, lo que no entendía es que ya estaba muy lejos.

A los dos días fuimos a ver a mi abuela (ya que se había quedado con mi tía), aún no la había visto después de lo que pasó. Pero era noche vieja y estábamos todos juntos.

Cuando entré a su casa se puso a llorar y yo no quería oírla, su llanto me asustaba, y me recordaba a ese día. Estábamos sin tele, sin radio y sin nada, (antes cuando se moría alguien, había que estar un tiempo sin todo eso por respeto y duelo a esa persona)

Estábamos todos en el patio, nos salimos para comernos las uvas mientras que sonaban las campanas de la iglesia, (yo recuerdo en otras ocasiones las risas de todos, pero ese día había mucho silencio).

y sin brindis ni nada empezamos ese nuevo año. Esa navidad fue muy triste para todos.

Hoy he vivido de nuevo mi historia de pequeña al lado tuyo, he de decirte que yo esta fase de mi vida la superé hace muy pocos años, me aferré tanto a su recuerdo que no soportaba su ausencia.

Mi adolescencia fue para mí una etapa muy dura, con este tema. Seguía recordando ese día, sufría miedos, sufría pánicos por la noche, tenía que vomitar para poder dormir del miedo que tenía era algo que no podía controlar.

Mis padres me preguntaban, pero yo no quería contarles nada, me daban taquicardias y ahí si me asustaba y les llamaba. Me llevaban al médico, yo no quería contar que es lo que me pasaba del porqué tenía miedo (contar que tenías miedo a morirte cuando ves a todo tu entorno normal, y yo me veía asustada, no quería que me dijeran que era una tontería o que me riñeran).

El médico, en una ocasión, lo que me dijo es que me echara un novio, imagínate como me pude sentir, o la cara que se le quedó a mi madre.

Para mí eso fue algo muy duro y nadie me entendía o así lo sentía yo, me daba miedo morirme. Muchas veces cuando estaba a punto de dormirme, lo sentía, notaba como se acercaba y me daba un beso y ahí, en ese momento era cuando yo me dormía.

Seguimos.

Te cuento este capítulo de mi vida, pero no como una historia que he sufrido, sino como la he superado. A veces es difícil expresar nuestros sentimientos, y más todavía cuando eres pequeñ@ y te encierras en ti mism@

Debemos estar muy atentos a los niños cuando pasan por algo similar, a veces se vuelven rebeldes, pero en otras ocasiones se encierran y están cabreados con todo el mundo, hasta con ellos mismos. Hay que tener mucha paciencia y sobretodo no estaría mal, pedir ayuda de un profesional.

Siguiendo con la historia de mi abuelo, hoy en día me doy cuenta de muchas cosas, por ejemplo:

Los lloros, no podía ver llorar a nadie, me refiero a que cuando alguien lo hacía me ponía muy nerviosa y a veces salía corriendo, porque tenía esa misma sensación, aunque no la he asimilado con este tema hasta hace poco.

Los gritos, ídem de lo mismo, solo ver a alguien gritar temblaba, aunque aquí en este punto, voy a añadir el maltrato psicológico por parte de mi pareja (creo que se acumuló con los gritos que oía de mi abuela). Cada vez que alguien levantaba la voz lo primero que me ocurría era que me quedaba paralizada, no sabía qué hacer, ni reaccionaba.

Recuerdo que en una ocasión leí, que una persona cuando muere necesita sus alas para volar, pero cuanto más lloremos por su perdida, sus alas se mojarán y no podrán volar. Desde que leí esta historia, me sentía culpable por aferrarme a mi abuelo, y el hecho de pensar en que estaba perjudicándolo, no me gustaba.

Entonces, tomé la decisión y empecé a leer, a pedir consejos, a hablar de este tema con la gente más allegada, he de decirte que me costaba muchísimo, las lágrimas corrían por mis mejillas cada vez que lo recordaba, pero poco a poco iba superándolo, y hace unos años, fue cuando empecé a ir al evento de Laín, y desengramé ese capítulo.

Ahora lo recuerdo con amor, con el cariño que sentía y a veces me emociono, más pienso que hoy ya no está solo allí, tengo su boina conmigo y en si es como tener un trocito de él conmigo.

A mi llayo

Como este mundo me cambió,
con tu ida tan temprana
Yo que aún no comprendía
Esta vida tan tirana.

Si alguien me hubiese contado
Que esa era tu última noche,
Te juro por mi vida, Que a Dios
le hubiese ido con reproche.

25 años después, ya no debo que llorar
Ya que con la abuela ya puedes ir a pasear

Sé que sois mis Ángeles, mis guías
Sé que me cuidáis día a día.

Allí ya estáis juntos para siempre,
Miro a las estrellas,
donde sé que siempre puedo verte.

El recuerdo de tu boina tengo
Esa que siempre llevabas
Y para irte no te pusieron.

Me la guardo como un regalo

Que tú me dabas antes de tu vuelo

Y hoy me queda de consuelo

Gritarte ¡ay! ¡Mi llayo como te quiero!

Te amo llayo.

Me pasaron un video en el que hablaban de tu niñ@ interior, en él te explicaba la importancia de sanar todos los sufrimientos que habías sufrido desde niña, ya que eso lo llevas arrastrando y no comprendes muchas de las cosas que vives, y es debido a todo lo anterior.

En él, comentaba la importancia de reencontrarte con él/ella, con tu niñ@ interior.

Visualiza esa/e niñ@ de 4 años, mírale a sus ojos y vive ese momento. Háblale, dile que no se asuste y cuando veas que está tranquil@, cógele de la mano, sonríele y dile lo guap@ que es. Hazte su mejor amig@, y tranquilizal@, dile que tú vas a estar siempre ahí, que no pasa nada. Que cuando sea mayor, todo habrá pasado, dile que te mire, y que confíe. Que todo va a estar bien.

Vive cada momento de angustia, como si fuera ahora, con tu niñ@ interior, cogid@s de la mano. Piensa en algún momento de tu vida en esa edad en que lo pasaste mal, y revívelo de nuevo, pero ahora acompañada contigo de mayor, dile a tu niñ@ interior que vais a superar esto junt@s y veras como poco a poco van desapareciendo todos esos momentos que de vez en cuando te invaden. Tienes que sanar desde el primer momento tu interior. Si tu cambias todo cambia.

Y cuando tengas que pasar algún desafío, sigue con tu niñ@, él está ahí y los dos seguís superando juntos todo lo que venga.

Cuando sanes a tu niño interior de cuatro años, empieza con el de ocho, haz exactamente lo mismo que con el de cuatro, y después lo harás con el de quince.

Es muy bonito este ejercicio, regresas a tu infancia y llevas a tu conciencia, a un nivel en el que ni te imaginas llegar. Al principio puede costarte un poco, y tendrás un pensamiento, pero poco a poco irás recordando momentos en los que hoy para ti no es nada, pero en ese momento, cuando eras un/a niñ@ era mucho.

5 consejos para vences el miedo

1. **Identifica tus miedos**, busca el origen de tu miedo. Si conoces bien de donde viene ese miedo este es el primer paso para vencerlos. ¿en qué situaciones siento ese miedo? ¿Qué pensamientos tengo en ese momento? ¿qué emociones me genera? ¿Cómo reacciono cuando siento miedo?

2. **Reflexiona tus miedos**. ¿Por qué tienes miedo a quedarte sol@? ¿has tenido esta sensación en otro momento de tu vida? ¿recuerdas esa misma sensación en otra época de tu vida? ¿y si empezaras a afrontar tus miedos en vez de evitarlos? ¿has tenido algun miedo y lo has superado? ¿Qué beneficios has obtenido al superarlo? ¿Qué has perdido al no superar ese miedo?

3. **Afronta tus miedos poco a poco**. Comienza por ponerte retos pequeños, para ayudarte a tomar consciencia de ellos y poder percibir como vas avanzando. Toma pequeñas decisiones, para empezar a afrontarlo, aunque sientas miedo al hacerlo sol@.

4. **Amate**, dedícate tiempo para ti, recuerda que cuidarse a un@ mism@ es muy gratificante y mejora tu autoestima y la relación con los demás.

5. **Pide ayuda**. Si notas que el miedo te limita tu día a día no dudes en pedir ayuda de un profesional. Ellos te valoraran y te marcaran unas pautas, y sobretodo te harán un seguimiento.

Aprende a ver lo mejor de las personas

"Encuentra la luz en los demás y trátalos como si eso fuera todo lo que vieras en ellos".

¡¡Vamos con nuestra afirmación!!

YO SOY UNA PERSONA NUEVA,

EN LA QUE NADA NI NADIE OPINA EN MI VIDA

YO SOY DUEÑ@ DE MIS ACTOS

Y A PARTIR DE HOY

COMIENZA UN MUNDO MAGICO DE POSIBILIDADES

CONFIO EN EL UNIVERSO

Y EN TODAS LAS ENSEÑANZAS QUE ME ENVIA

ME AMO, ME RESPETO Y ME CUIDO PARA MI.

PORQUE YO SOY UNA PERSONA MARAVILLOSA.,

BENDECIDA Y LLENA DE LUZ

¡¡Has estado genial!! Continuamos….

Otro tipo de dependencia es la de un padre o madre hacia su hij@, en este caso me refiero a cuando están estos separados y existen las amenazas de abandono hacia uno de ellos.

El hijo se aprovecha de su progenitor para que esté la mayor parte el tiempo, pendiente de él/ella. En alguna ocasión hasta llegan a las manos o entre ellos, o por parte de el/la hij@ al padre o madre.

Laura, una persona muy humilde, trabajaba de dependienta en un centro comercial, tiene a su hija (Ana) de catorce años, el padre de Ana está económicamente muy bien posicionado, es empresario y su negocio funciona maravillosamente. Cada vez que Ana está en casa de Laura, le hace la vida imposible a su madre, es un calvario la convivencia con ella, pero Laura se resigna y se echa la culpa de todo por no saber cómo atenderla, y por no poder darle lo que ella le pide.

Ana, solo quiere dinero y que le compren caprichos, quieres salir con l@s amig@s sin tener hora de llegada, pero su madre no se lo consiente ya que aún es joven para llegar en la madrugada.

Empiezan a discutir, Ana está furiosa, llena de rabia, de ira, en una ocasión, rompió un jarrón que tenía su madre en un rincón de la sala, lo cogió y lo tiró hacia el suelo, por no conseguir lo que quería, esta empezaba a insultar a su madre y le empezó a decir que era la peor persona que existía, como madre y como todo, le dice que no la soporta y que no quiere vivir más con ella.

En ese momento, Laura se viene abajo, destruida por las palabras de su hija, no sabe que hacer ni que decir, en ese momento lo único que hace es llorar sin parar. Solo por pensar que su hija podría irse de su casa y dejar de vivir con ella.

A los pocos días vuelven a tener otro enfrentamiento parecido. En este caso, Laura estaba delante del sofá, y su hija la empujó hacia atrás, donde cayo sentada en él. Esta vez, Ana cogió su mochila y se fue con las amigas, a lo que acudió, a las 4 de la madrugada, Laura estaba muy inquieta de no saber dónde estaba su hija, y no podía dejar de pensar en la posibilidad de haberle pasado algo.

Todo se volvió una rutina para ellas, discusiones, peleas y más peleas, lloros...Cada día que pasaba, Laura estaba peor, las amigas le aconsejaron que hablara con su padre, pero esta se negaba, solo de pensar la posibilidad de poder perder a su hija, prefería vivir así, que tenerla lejos. Finalmente, en una ocasión que Ana le levantó la mano a su madre, Laura, llamó a su exmarido y le contó, lo que estaba sucediendo con su hija.

Este en un principio se quedó, boquiabierto, porque no quería creer esa actitud en su hija. Cuando fue a por ella pudo comprobar los gritos y humillaciones hacia su madre, y se la llevó.

Allí en casa de su padre, todo era diferente, tenía su dinero, sus caprichos y hasta le dejaban hacer fiestas con los amigos en la piscina, (vivían en un chalet) Ana estaba encanta, su padre era un hombre muy ocupado en su negocio y con él, en ningún momento tuvo ninguna reacción agresiva.

Laura llamaba en muchas ocasiones para hablar con su hija, pero esta no contestaba. Estuvo casi un año sin hablar con su madre. Laura estaba muy deprimida, y tuvo que buscar ayuda de un profesional.

Poco a poco, empezó a salir de esa depresión que tenía, y aunque amaba a su hija, ya se había hecho a la idea que tenía que ser así, ella ya tenía una edad en la que podía elegir con quien quería estar, y Laura, no podía obligarla a algo que su hija no quería.

Por otra parte, Ana empezó a notar algo, empezaba a ver como sus amigas hablaban de sus madres. De si se iban a comer juntas, o el regalo de el día de la madre....

Últimamente, la única palabra que se repetía en las conversaciones era la de madre, y esta se sentía molesta, a la vez tenía mucha nostalgia, pero se le pasaba enseguida.

Aunque cada vez pensaba más en ella, en una de sus llamadas, decidió cogerle el teléfono a su madre, la conversación duro 2 minutos, pero fue muy agradable.

Poco a poco las conversaciones eran más largas telefónicamente, Laura estaba muy contenta de poder hablar con su hija, y sin pelearse.

Ana cada vez echaba más de menos a su madre, y cada vez que recordaba los capítulos que le hizo vivir se sentía fatal y se echaba a llorar.

Habló de ello con su madre, y esta le recomendó ir a terapia donde ella asistía y no se lo pensó en ir con ella a la persona que le estaba ayudando.

Ana le pidió perdón a su madre y esta aceptó las disculpas.

Quedaban varias veces a la semana para verse, y poco a poco cambiaron las cosas. finalmente, Ana decidió volver a casa de su madre y esta aceptó. Ahora llevan una vida más calmada. sigue siendo una adolescente, pero no es lo mismo que antes, siguen yendo a terapia, hacen cosas juntas como ir a eventos de crecimiento personal y hasta Ana, quiere dedicarse al crecimiento personal y ayudar a las personas.

Ahora Laura está feliz, de ver el cambio de su hija, y asegura que debería de haber dejado que tomara este distanciamiento mucho antes.

A veces es duro tomar una decisión, y no queremos ver lo que está ocurriendo.

Nos duele mucho pensar que nos estamos equivocando o que estamos haciendo algo mal, pero la verdad es que tenemos que ser conscientes y aceptar el comportamiento de un/a hij@ hacia un padre o madre.

Y vamos a tener en cuenta que si los padres están separados a ellos les perjudica en la mayoría de los casos el comportamiento entre ellos.

Lo ideal sería que hablaran entre ellos de la mejor forma posible, que vieran los hijos que entre sus padres hay dialogo. Muchas veces entramos en una fase de competición, a ver quién es mejor y quien puede darle más, y los hijos como los padres, abuelos…las personas en general lo que en realidad necesitamos es el cariño y el amor, todo lo demás viene después.

¿Qué podemos hacer para evitar o corregir la dependencia familiar?

- Escribe en una libreta, todo lo que te molesta de la persona.

- Escribe todos tus miedos que te genera y lo que está pasando actualmente.

- Anota las emociones que sientes, tristeza, ira….

- Escribe que es lo que podrías hacer para cambiar la situación.

- Ahora visualiza tus emociones, y piensa en las soluciones que has anotado antes y siéntelas.

- Haz una meditación antes de dormir.

- Empieza cuanto antes a poner en practica la solución.

No dejes postergar los ejercicios, hazlo ahora y verás como las cosas las veras de diferente forma. Y sobre todo cada noche agradece todo lo bueno que hayas conseguido ese día.

¡¡Vamos con nuestra afirmación!

YO SOY UNA PERSONA NUEVA,

EN LA QUE NADA NI NADIE OPINA EN MI VIDA

YO SOY DUEÑ@ DE MIS ACTOS

Y A PARTIR DE HOY

COMIENZA UN MUNDO MAGICO DE POSIBILIDADES

CONFIO EN EL UNIVERSO

Y EN TODAS LAS ENSEÑANZAS QUE ME ENVIA

ME AMO, ME RESPETO Y ME CUIDO PARA MI.

PORQUE YO SOY UNA PERSONA MARAVILLOSA.,

BENDECIDA Y LLENA DE LUZ

¡¡Bien hecho!!

DEPENDENCIA EMOCIONAL LABORAL

La dependencia emocional como ya sabes, se caracteriza por la baja autoestima de una persona. Y se puede ver afectada en varias áreas de su vida, como las que hemos hablado en los capítulos anteriores, dependencia afectiva, la dependencia en la amistad, la dependencia en la familia, y en la dependencia en el trabajo, que también existe la dependencia económica, pero hablaré de ella en el capítulo siguiente.

Como te he comentado la dependencia emocional, también aparece en el entorno laboral, esta puede aparecer con consecuencias negativas como la ansiedad, el estrés, la depresión, inseguridad de si mism@.

Esta clase de dependencia puede ser fruto de otras dependencias anteriores que haya tenido una persona, o tenga en otras áreas.

En la dependencia laboral puede haber varios puntos:

-El trabajo mismo: uno depende de su propio trabajo para poder seguir adelante, y por mucho que quiera tener una vida, con la familia y/o amigos, este está centrado totalmente en el trabajo porque piensa que ahí solo es feliz, y se refugia de cualquier cosa o problema que pueda existir en su vida.

-A los compañeros otro punto de dependencia es que cogemos con algún compañero que creemos que es mejor que nosotros, y nunca vamos a ser como él. En la mayoría de estos casos el compañero sabe de esta dependencia y saca el mayor provecho del dependiente.

"Un esclavo es aquel que espera que alguien
venga a liberarlo"

Erza Pound

Un día, quedé con una amiga la cual hacía tiempo que no veía. Quedamos para comer y me estuvo comentando lo mal que se sentía en su trabajo, pero que en ese momento no podía dejárselo, estaba esclavizada en él por todo lo que tenía que pagar, y necesitaba su nómina mensual.

Ella es maquilladora, una de las mejores diría yo. Al principio todo fue maravilloso en su puesto de trabajo, las compañeras se llevaban genial, había un ambiente magnífico. Se respiraba una vibración buenísima, la cuál era contagiosa.

Al paso de los meses, su jefa empezó a estar molesta por todo, no fue de un día para otro, pero sin darse cuenta en pocas semanas había cambiado bastante su actitud hacia ella.

Mi amiga pensó que en un principio podía estar molesta, porque en sus tiempos libres ella maquillaba en eventos y se ganaba algo extra. Pero más tarde, se dio cuenta que esto era algo más personal, cada vez que hablaba le molestaba, y si ayudaba a alguna compañera le llamaba la atención.

Estuvo varios años aguantando hasta que un día, casi llegan a algo más que a gritos. Ahí fue cuando decidió dejar ese puesto de trabajo, por mucho que le gustaba estar allí con las compañeras y sobre todo por el dinero que ganaba fijo todos los meses.

A veces creemos que no podemos salir de donde estamos solo porque nuestra mente cree que dependemos de eso, y que no va a haber nada más para nosotros, y no es así.

Cuando mi amiga salió de ese trabajo, enseguida le ofrecieron muchas ofertas de empleo, pero la verdad es que ya había decidido dedicarse por su cuenta, y a día de hoy le va de maravilla.

Como ves, ella ya tenía su idea de dedicarse a trabajar por su cuenta, y hasta que no le dolió lo suficiente en el puesto de trabajo donde estaba, no decidió dedicarse por su cuenta.

A veces aguantamos en un puesto de trabajo solo por pensar que si nos vamos a otro lugar o nos montamos nuestro propio negocio nos va a ir mal, pero… ¿y si es todo lo contrario?

Estaba sin trabajo y solo tenía lo que me daba el padre de mi hijo de manutención, pero aun así decidí irme a vivir sola. Mis padres ya llevaban mucha carga, estábamos todos allí, fue una mala época.

Nos llegamos a juntar mis hermanos y yo en casa de mis padres, una vez a la semana para vernos está bien, pero todos allí viviendo imagínate que locura, con niños y todo.

Lo desee tanto que por fin me salió trabajo, y no solo eso, cuando fui a firmar el contrato le pregunte para cuantos meses era, y mi sorpresa fue que empezaba como indefinida. Bueno, me hicieron el mes de prueba y después este último. Estaba contentísima, iba por la calle andando que parecía Heidi.

Mi primera semana en el trabajo. iba con una compañera, ella no paraba de nombrar a un compañero que en ese momento estaba de vacaciones. Cuando volvió, me pusieron con él de compañero. Y ahí es cuando empezó mi infierno

Por otros capítulos de mi vida, tenía pánico a quedarme con un chico a solas, imagínate como estaba. Y para mí sorpresa iba cada día la relación con mi compañera a peor. Había rumores de que estaban o habían estado juntos, aunque ellos lo han desmintieron siempre. Y yo me preguntaba...

¿Y a mí que me importa si están juntos, para mí era mejor porque así me sentía más tranquila?

Empecé a coger confianza con él y la verdad es que era un buen compañero (o eso creía), el cual él me contaba muchas de sus cosas, que no voy a nombrar nunca, y yo le contaba las mías. Hicimos muy buena amistad.

Y eso a mi compañera se la llevaban los demonios. El, empezó a contarme todo lo que ella iba diciendo de mí. Si supieras la rabia que sentía en ese momento de todo lo que me estaba contando, en esa época tenía una forma de reaccionar que no era la correcta, me alteraba enseguida y en vez de hablar me ponía a gritar. De la misma ansiedad que me daba.

En muchas ocasiones, he intentado hablar con ella para decirle que yo no tenía nada con él, me sentía en la obligación porque me hacía sentir mal que pensara eso de mí. Aunque si hablé con ella un par de veces, no sirvió para nada. Eso creo entre nosotras una rivalidad increíble. Hasta que pasó algo que me abrió los ojos.

A parte de ese tema, en ese trabajo he tenido varios enfrentamientos, y no entendía por qué. Yo misma me echaba la culpa y lo pasaba realmente mal porque sentía que me quedaba sola en el trabajo. Muchas veces estábamos bien y decías algo y a la mañana siguiente sin un porque ni te miraba algun@ a la cara. Pero no a mi sola, sino que nos ha pasado a todos. Este chico se lo tomaba todo de otra forma, pero yo me lo tomaba fatal. He llorado muchos días y muchas horas. Solo quería ser aceptada y mi mente me decía que se juntaban todos sin decirme nada a mí, ahora que he salido de ese estado, pienso que como he podido creer todo eso.

Es muy fácil, cuando dependes de otra persona, en el área que sea, necesitas la aprobación y el cariño de esa gente. Hasta para tomarme un café sino era con algún/a compañer@ no iba sola. Como te iba contado, empecé a abrir los ojos, un día en el que estábamos toda la empresa juntos, él se me acercó y me dijo que la jefa decía que nos había visto juntos. Y yo a él le pregunté si en algún momento lo había desmentido. Imaginaros, yo que ya empezaba a tener mis dudas sobre él y empezó a poner excusas. (ahi entendí que a él le gustaba que hablasen así de él y no le importaba lo que dijeran de mi). No sé cómo aguanté, doy gracias a dios por la fuerza que me dio Por qué. en ese momento la hubiese liado, pero bien, me hubiese costado hasta el puesto de trabajo.

A partir de ese día estuvimos un año sin hablarnos, y muchos de mis compañeros lo apoyaban a él, imaginaros como me sentía. Estaba sola, a la hora de acercarme a alguien me daba hasta miedo, por si me llevaba un estufido. Y encima no me creía nadie. Recuerdo que con los compañeros que nos sentábamos en el almuerzo, yo me distancié, me iba a mi casa. Como te he contado, al año empezamos a hablarnos y yo soy una persona que cuando está bien, se me olvida lo que me han hecho.

Nos volvieron a poner juntos, y me lo volvió a hacer. Estuvimos toda la mañana juntos trabajando, riendo y hasta gastando bromas, llegó la hora del almuerzo y me dejo en casa (el después venía a por mí, porque pillaba de camino). No me recogió para incorporarnos en el trabajo, se llevó a otro compañero y cuando lo llamé, me dijo que ya se había ido, (yo no podía creer lo que había hecho), pero enseguida me dijo que venía a por mí. Me recogió, como el coche era de dos plazas me subí detrás, había un apoyo para poder sentarte. Sus palabras fueron. ¿no queréis igualdad?, pues ya sabes. Y yo le dije que no tenía ningún problema en subir, creía que estaba de broma, y otras veces también subíamos. Pero empezó a chulearme y ya no me gusto.

Arrancó el coche y empezó a acelerar, te puedes hacer una idea en como tomaba las curvas, yo no sabía cómo agarrarme ni dónde. Me veía sin dientes. Le pedí que parara, y paró bruscamente. Cada vez que pienso en ese momento para explicarlo, no recuerdo cómo fue que me hice daño en la mano, seria al intentar agarrarme o al intentar salir cuando paró.

Pues bien, no fui a la mutua, me entró miedo de que abrieran una investigación a la empresa, porque está prohibido subirse detrás, como yo lo hice. Luego si tuve que ir, porque me llamaron y les dije que había sido abriendo una puerta, pero nada más. ¿Sabes que pasó por no decir la verdad de lo ocurrido? Que otra vez nadie me creyó. Asique decidí, irme del trabajo. Al final, no lo hice. Porque necesitaba ese trabajo para poder llegar a fin de mes.

Al final tuve que volver a la mutua, esa misma semana estuve orando y decretando para que se supiera la verdad sobre lo que me pasó en la mano, pero sobretodo que no dudaran de mí. Estaba a punto de irme a la mutua cuando recibo una llamada, era mi encargada, me llamaba para acompañarme,

Al principio dudé y no quería que me acompañara, más que nada por su forma de ser, pero al final le dije que sí. Como tardábamos en llegar veinte minutos, aprovechamos para hablar y ahí intercambiamos opiniones.

Después de ir allí y llegar a casa comprendí todo lo que había pasado. Y me dije. María José, si estas decretando que se sepa la verdad, y que sepan que es cierto lo que cuentas, todo esto ha pasado para eso, al principio me lo tomé a la defensiva, pero hay que ver las señales que nos manda el universo, o dios (en lo que quieras creer).

Desde ese momento, estuve más tranquila, bueno me dieron de baja para poder recuperarme bien de la mano. Y ahora estoy perfectamente. Como te decía, estuve más tranquila en el trabajo, y en vez de centrarme en cosas que me bajaban la vibración.

Con esto que te acabo de contar, quiero decirte que muchas veces como dependemos del trabajo para poder tener un medio, para cubrir nuestras necesidades para pagos, alimentación……en fin, para llegar a final de mes.

Aguantamos demasiadas cosas en el trabajo, lo peor de todo es que la gente con dependencia emocional, suele atraer el perfil de persona que normalmente sabe cómo manejar al dependiente y sobretodo aprovecharse de la situación, son muy astutos. Sabrás de que te estoy hablando, ¿verdad?

"Si miramos el objeto de nuestro apego con una simplicidad nueva, comprenderemos que no es ese objeto lo que nos hace sufrir, sino el modo en que nos aferramos a él".

Matthieur Richard

¿Cuantas veces intentamos una y otra vez ser aceptados en nuestro circulo laboral? ¿en cuántas ocasiones te has acercado al grupo y cuando llegas se levantan todos y te quedas tu allí, sola? ¿coincidencia?

No lo sé, pero sí puedo decirte, en que empecé a ver las cosas de diferente manera, me tomé muy en serio saber qué es lo que tenía que aprender de todo mi entorno. Claro, que siempre respetándome y haciendo que me respetaran también.

Tuve a una compañera que siempre discutíamos por las horas extras, resulta que si en algún momento yo hacía alguna hora de más se enfadaba. No sabía cómo hablar con ella, y me sentía culpable, hasta fui a hablar con la persona que se encargaba de mandar las extras, pero tenía que ir una sola, las dos no podíamos.

No sé cómo se dio la vuelta y desde entonces era ella la que hacía más horas, tuvimos muchas broncas por ese tema, a ella le hacían falta y a mí también.

En una ocasión me enteré que nos mandaban a las dos, pero era ella las que las hacía sola, estuvo mintiendo, pero **la verdad sale siempre.**

A raíz de ahi, nos pusieron a una encargada para controlar las horas y nos la repartiera (resulta que esta persona es una veleta, hoy se vuelca contigo y mañana te desprecia dando a entender que es otra persona la que es mejor que tú). No sé si será porque últimamente no dejaba que me hablara con desprecio, aunque tengo que reconocer que a veces conseguía humillarme.

Dicen que: **más vale caer en gracia que ser gracioso.** Yo sabía que en gracia no caía ni a la jefa, ya que me enteré que en uno de los conflictos que tuve le dijo a una persona:

¡A esta no le hagas caso, ella es así, siempre está igual!

¿Puedes imaginarte que cara se me quedó?, a partir de ese momento sabía que no tenía credibilidad a todo lo que dijera. De hecho, un compañero te hace daño, y pasaron de tooooooddooo.

Al final lo que hizo fue quitarnos las horas, por lo menos a mí me las quitó del todo, tenía un problema personal hacia mí que nunca supe, el caso es que estuve unos meses sin hacer horas extras. Al principio sentía rabia e impotencia porque solo me centraba en que me hacía falta para poder ir más desahogada. Me levantaba cada día sin ganas de ir al trabajo, tenía que aguantar a esa persona y encima ver que cuando tú has dado todo por ser aceptada recibes todo lo contrario.

Muchas veces me planteé en dejar el trabajo, pero sinceramente necesitaba trabajar y tener mi nómina todos los meses.

Y me di cuenta que en realidad no me hacían falta. Gracias a Dios tengo otros medios para que, entre dinero a mi vida, y no tengo que depender ni de ese trabajo ni de esa coordinadora para rogarle que me diera horas.

"A rogar porque llueva"

Esa misma semana tomé una decisión, María José vamos a centrarnos en lo positivo. Aunque no has hecho horas, algo bueno vendrá hacia a ti ¡¡seguro!! Y así pasé todo el resto de semana. No hablaba con nadie, cuando llegaban se levantaban y se iban, pero no me importaba, los bendecía y me iba sonriendo a mi puesto. Fue cuando reflexioné y me dije, no estás haciendo horas, pero este mes están contando contigo para ir a tocar a varias actuaciones, (soy música y me llaman en varias ocasiones para ir a alguna actuación, **los bemoles**, así es como se llama la banda de música donde voy) a los que estoy agradecida, porque estaba con otro grupo y de la noche a la mañana dejaron de llamarme sin ningún motivo. Y eso no es todo, quiero dedicarme al Quiromasaje, además de montar en ese mismo negocio una tienda de cosas naturales tipo mercado medieval.

Y recibo una llamada para realizar un masaje, era una clienta nueva de los que suelo tener al mes, (no son muchos porque recién empiezo) y me ofrecen la posibilidad de empezar a trabajar con ella.

Estamos tan obsesionados en mirar los problemas que tenemos que nos olvidamos de lo más importante, y es centrarnos en buscar las soluciones, que seguramente las tenemos delante y no somos capaces de verlas.

Es increíble, que cuando cambias tus pensamientos tu vida se va transformando con los mismos.

Estaba tan obsesionada con el tema de hacer horas que no me daba cuenta de todos los recursos que tenía a mi alrededor. Ese fue mi punto de quiebre, para darme cuenta que yo no necesitaba hacer tantas horas extras. Esto se había convertido en un círculo vicioso en el que todos discutíamos por ver quien ganaba más, y yo, aunque hiciera menos horas, me estaba formando. Mi dinero estaba siendo invertido en mi crecimiento personal. En realidad, mi mente me saboteaba y se estaba acomodando en esa situación. Hoy lo veo de otra forma todo e intento en cada cosa que me ocurre sacarle todo el aprendizaje y reflexionar en si lo que siento es verdad o es un patrón que quiere gestionar mi mente.

Nos aferramos a lo que tenemos alrededor y no nos damos cuenta de lo que hay en el horizonte a la redonda.

Es como cuando vas a algun lugar y el camino está lleno de piedras, hace calor y solo te centras en eso, en vez de centrarte en el día maravilloso que te espera cuando llegues a ese lugar, y seguramente las piedras que haya en el camino tengas que esquivarlas, pero habrá un paisaje precioso que te estás perdiendo solo por mirar los obstáculos y llenarte de ira y de rabia por ello.

A veces tenemos que atravesar varios obstáculos para saber que en realidad no eran para tanto, y tu ¿hasta dónde vas a tener que llegar para darte cuenta?

No discutas solo por saber que tienes razón, muchas veces es mejor ser feliz y dejar que todo pase. Cuanto te obsesionas en demostrar que lo que dices es cierto ahí estas quemando tu energía en un lugar que ni siquiera te van a atender y entonces te cabrearás aún más. ¿y tú?

¿Quieres ser feliz o tener la razón?

"Si no aprendemos a soltar, si no dejamos ir, si el apego puede más que nosotros y nos quedamos ahí atados, pegados a esos sueños, fantasías, e ilusiones, el dolor crecerá sin parar y nuestra tristeza será la compañera de ruta."

Jorge Bucay

Aquí nos revela algunos aspectos fundamentales sobre el apego y el desapego. Liberar nuestras ataduras mentales es el primer paso hacia la felicidad plena.

LOS SEIS HOMBRES Y EL ELEFANTE

Una vez, seis hombres ciegos que vivían en la misma ciudad y aparte eran amigos, querían saber y aprender cómo era un elefante, asi que decidieron ir en busca de uno para experimentar mediante el tacto la sensación de cómo sería un elefante y así poder satisfacer su mente.

El primero que se acercó al elefante, comenzó a explorar sobre un lado, lo notaba grande y corpulento y al sentirlo su comparación fue la de tocar una gran pared.

El segundo, se acercó y comenzó a palpar su colmillo, grito: este cuando sintió esa parte del elefante comenzó a gritar   "¡oh! Es redondo, suave y puntiagudo. Es parecido a una lanza.

El tercero, se acercó al animal y cogió su trompa, al tocarla se empezó a retorcer en su mano y dijo:

"Yo lo siento igual a una serpiente".

El cuarto extendió su mano Y se puso al lado de la rodilla y comenzó a tocarlo, y dijo:

¡Este animal es maravilloso! se parece, tiene forma de un árbol.

El quinto, se acercó a una de sus orejas y dijo:hasta un ciego puede decir lo que realmente este animal se parece. Nadie me va a negar que este animal es como un gran abanico.

El sexto, empezo a palpar al animal y fue hacia su cola, y dijo: yo veo que este animal es como una soga.

Y así, estos seis hombres continuaron opinando largo y tendido sobre el parecido del elefante.

Cada uno tenía su propia opinión, y aunque eran diferentes opiniones, todos estaban en parte en lo cierto, pero a la misma vez todos estaban equivocados.

Ante esta parábola, no puedo dejar de preguntarme:

¿Cuántas veces no nos sucede lo mismo en nuestro trabajo, con nuestras relaciones y en otros aspectos de nuestra vida?

¿Cuántas veces sacamos conclusiones apresuradas, basándonos exclusivamente en un solo dato o sin detenernos a comprobar si nuestras fuentes son correctas y objetivas?

Normalmente cuando nos sucede algo pensamos que que nuestra verdad es la que vale, y no damos pie a escuchar la opinión de la otra persona, esta como en la parábola que acabas de leer, cada uno tiene su opinión, pero ninguno de los seis se para a pensar la opinión de los otros cinco, estaban tan concentrados en saber cómo era un elefante que si hubiesen prestado atención a los demás se hubiese llegado a una conclusión más concreta. Y esto pasa en la vida misma. Si todos prestáramos atención a los demás, en muchas ocasiones no había tantas disputas, se llegaría a un acuerdo intercambiando opiniones.

EL TRABAJO EN EQUIPO ES EL SECRETO QUE HACE QUE GENTE COMUN CONSIGA RESULTADOS POCO COMUNES.

EINSTEIN

Vamos con esas afirmaciones para subir tu vibración. Dilas con tanta emoción para que tu alma se impregne de esa energía…

YO SOY UNA PERSONA NUEVA,

EN LA QUE NADA NI NADIE OPINA EN MI VIDA

YO SOY DUEÑ@ DE MIS ACTOS

Y A PARTIR DE HOY

COMIENZA UN MUNDO MAGICO DE POSIBILIDADES

CONFIO EN EL UNIVERSO

Y EN TODAS LAS ENSEÑANZAS QUE ME ENVIA

ME AMO, ME RESPETO Y ME CUIDO PARA MI.

PORQUE YO SOY UNA PERSONA MARAVILLOSA.,

BENDECIDA Y LLENA DE LUZ

Estupendo querid@ lector/a.

¿Has visto el cortometraje de "**LA LUNA PIXAR**"?

Pues te invito a que entres en la web para que puedas verla.

¡¡TE VA A ENCANTAR!!

El cortometraje *La luna* de Pixar tiene muchas enseñanzas. El Trabajo en equipo es uno de ellos, y el punto de vista que cada persona puede tener puede ser complicado, pero escucháramos de vez en cuando a los demás, se podrían lograr cosas maravillosas y un ambiente más ameno.

Al mismo tiempo, **este cortometraje, nos enseña a que podemos aprender unos de otros, nos muestra que enfadándonos solo conseguimos perder la oportunidad de compartir buenos momentos, y de disfrutar de la vida.**

¿Qué podemos hacer para evitar caer en esta dependencia, o si ya estás en ella cómo salir??

NO TE SIENTAS OFENDIDO: La mayoría de las veces, nos sentimos incomodos o molestos por cosas que no tienen importancia, ya sea por una broma, por una opinión diferente…. A veces elevamos el tono de voz y en ese momento es cuando llega dicho sentimiento. Y simplemente han estado en nuestra mente. En realidad, no ha sido como pensábamos

Lo único que vas a conseguir es debilitarte, tu salud se va a ver afectada tanto física como emocional, esa energía que puedas emitir ocasionará ira, rabia y estarás en una guerra continua.

NO TE OBSESIONES POR INTENTAR GANAR: Estamos acostumbrados a perder y ganar. No podemos ganar todo el tiempo. Siempre habrá alguien que se adelante, más fuerte, más list@, mas guap@ y con más suerte que tú. No eres lo que logras, eres lo que superas.

NO TE OBSESIONES POR TENER RAZÓN: Lo único que puedes conseguir es ser esclavo de tu ego.

Pregúntate: "¿Quiero ser feliz o tener la razón?".

OLVIDATE DE LO QUE PIENSES LOS DEMAS: Los demás siempre van a tener algo de qué hablar.

Si te preocupas demasiado por lo que piensen de ti las personas te habrás desconectado de tu verdadera esencia.

LIBERA LA SENSACIÓN DE SUPERAR A LOS DEMÁS:

A la única persona que tienes que superar es a ti mism@. Esto no es una competición de ver quien es mejor que otro, tu eres el único responsable de tu vida, asique cada vez que sientas la necesidad de ser mejor que otro, que sean tus propias metas las que vas a superar.

CELEBRA TUS ÉXITOS O LOGROS: Cuando cumples con tu objetivo, o realizas algo bien, te quedas esperando a que la que te vaya a ti para darte la enhorabuena. siente tu mism@ ese éxito, y si tienes la oportunidad, celébralo. Por pequeño que sea. Tomate una copa de vino, o ves al cine, algo que para ti sea diferente y placentero.

¿Qué puedes hacer?

Cuando te sientas así intenta darle la vuelta a ese sentimiento, al principio te costará, pero poco a poco lo irás dominando.

No pienses en la ofensa, más bien es un cambio de opinión simplemente.

Cada uno tiene una forma de ser, y si el tono de voz es diferente puede ser debido a su estado de ánimo, no dejes que eso te cambie el tuyo.

La gente puede tener opiniones distintas hacia ti, y eso no debe de molestarte. Recuerda que no puedes gustarle a todo el mundo, al igual que a ti tampoco.

Ríete de ti mismo, cuando hagas algo que en realidad luego no te guste, acéptalo y tómatelo como un juego, seguramente la próxima vez saldrá mejor.

Recuerda que todo es un aprendizaje.

Y sobre todo no te lo tomes todo en serio, sonríe, y acuérdate de estas palabras:

Buenos días/ noches, por favor, lo siento, gracias.

Dilas con respeto y amor hacia ti, si no recibes contestación, no importa tu estás dando amor, pero lo más importante, ya te lo estás dando a ti mism@.

Ya verás como todo empieza a cambiar en tu entorno. Solo quiero que lo compruebes y ya me contarás como te ha ido.

CUANDO LA VIDA TE SACUDE

Vas caminando con tu taza de café y de repente alguien pasa, te empuja y hace que se te derrame el café por todas partes.

- ¿Por qué se te derramó el café?

-Porque alguien me empujó.

Respuesta equivocada:

Derramaste el café porque tenías café en la taza.

Si hubiera sido té, hubieras derramado el té.

Lo que tengas en la taza, es lo que se va a derramar.

Por lo tanto, cuando la vida te sacude (qué seguro pasará). Lo que sea que tengas dentro de ti, vas a derramar.

Puedes ir por la vida fingiendo que tu taza está llena de virtudes, pero cuando la vida te empuje vas a derramar lo que en realidad tengas en tu interior.

Anónimo

Así que habrá que preguntarse a uno mismo.

¿Qué hay en mi taza?

Cuando la vida se ponga difícil, ¿qué voy a derramar?

¿Alegría, agradecimiento, paz, humildad?

¿O coraje, amargura, palabras o reacciones duras?

¡Tú eliges! Ahora, trabaja en llenar tu taza con gratitud, perdón, alegría, palabras positivas y amables, generosidad y amor para los demás.

De lo que esté llena tu taza, tú eres el responsable.

Y ten en cuenta que la vida sacude, sacude más veces de las que puedes imaginar...

Te propongo que hagas lo siguiente:

Tienes que ser sincer@ contigo mism@, ya que a la única persona que vas a engañar es a ti, además. ¿qué pierdes por decirte la verdad, si en esa libreta solo vas a ver tu lo que pone? A menos que lo compartas con alguien más, pero eso ya es tu decisión.

Si estas bajo el embrujo de la dependencia, posiblemente necesitarás sentirte aceptada, amada, querida y no aceptarás que ninguna persona de tu entorno se aleje. Eso se va convirtiendo e adicción, te obsesionas porque alguien te preste un poco de atención.

Este sentimiento, la mayoría de las veces llega a un punto de humillación inimaginable. Tenemos tanto miedo a ser rechazados que llegamos a aguantar que nos humillen, nos maltraten, nos castigamos nosotr@s mism@s, somos capaces de echarnos la culpa solo porque la persona que tienes cerca no se vaya.

La mejor solución para salir de ese estado, es el amor propio. Hay que quererse más a un@ mism@, pasar tiempo a solas, ya sea en casa, paseando, tomando una copa

Ha llegado la hora de poner límites en tu vida, tanto contigo mism@ como con los demás.

- Si te cuesta decir "no" a los demás cuando te piden algo.

- No sabes responder a una pregunta que te hacen.

- Por miedo a la reacción que puedan tener hacia ti.

- Quedas con alguien y realmente no quieres ir, pero tampoco quieres que se enfaden contigo.

- Te gastas más dinero del que puedes o tienes, simplemente porque si dices que no tienes dinero no te creen.

- Eres de los que, bebes porque los demás lo hacen y así te sientes dentro del grupo. Igual que en el cuento de "La Sirenita", es como si te hubieran robado la voz…

Seguramente, en tu vida tendrás miedo de que te etiqueten de "egoísta", "de mala persona" y que se vayan de tu lado por este motivo.

Ella no quiere y tú, la arrastras solo por querer sentirte bien. Vas a sentirte perfectamente cuando hagas lo que quieras de verdad. Porque de la otra forma te estas engañando a ti mism@.

Estoy nerviosa porque empieces a practicar todo lo que yo he aprendido, con ayuda de mis guías y mi mentor, mis libros y a los eventos que he asistido.

Si me lo permites, quiero ser tu guía para transformarte, ¿me acompañas?

Bien, entonces vas a hacer lo siguiente:

Ejercicio1. Sentirte cómod@ contigo mism@.

- Toma un papel y boli, haz una lista con las actividades que quieres hacer.

- Escoge aquellas que puedas hacer sol@

- Enuméralas por las que sean más prioritarias para ti.

- Comienza por la primera de tu lista y hazla durante 10 minutos.

- Cunado realices la actividad que no suponga para ti esfuerzo, amplia el tiempo hasta que te sientas cómod@ y positiv@ realizándola.

- Realízala en un tiempo determinado, para pasar a la siguiente actividad.

Este ejercicio es para trabajar la soledad y que empieces a sentirte comod@ contigo mism@.

Ejercicio 2

Cada mañana antes de empezar con tu nuevo día, escribe una frase motivadora para ti. Que esté relacionado, a lo que quieras conseguir ese día. Esta frase la tendrás presente para estar todo el día motivado, será como un chute de energía cada vez que te pares a pensar en ella. Puedes escribirla en un papel o una tarjeta y llevarla encima.

Ejercicio 3

Antes de irte a dormir, escribe los logros que hayas conseguido, por pequeños que sean. Y agradece por ellos.

Cuando das las gracias por algo de corazón, tu alma se estremece y se siente más abierta en recibir más milagros. No te vayas a dormir sin antes haber agradecido por todo lo bueno que te haya pasado en ese día, y si has tenido que pasar por algún obstáculo, piensa en lo que has aprendido de ello y sácale el beneficio.

Si el problema ha sido con alguna persona, vete a dormir, pero perdonándolo. No te vayas a dormir con ira, ni resentimiento, eso no es bueno para tu alma.

Ejercicio 4

Medita, haz una meditación antes de dormir conectarás con tu alma, desconectarás y podrás descansar toda la noche sin tener que preocuparte por nada, ni por nadie y sobretodo desconectarás de todo lo que has hecho durante todo el día y descansarás con tu alma en paz.

«La independencia económica es la primera con-
dición para ser feliz; en consecuencia, la primera
recomendación para lograrla es el trabajo»

Elbert Hubbart

LA DEPENDENCIA ECONÓMICA

Estudios confirman que el desempleo, ¡puede originar graves efectos en nuestra autoestima. La falta de ingresos, no causa angustia y dolor emocional.

Depender de otra persona económicamente, para comprar cualquier cosa, es una forma moderna de esclavitud. Y puede ser muy frustrante y problemático.

No puedes ir libremente a hacer aquello que te hiciera falta, o comprarte aquello que necesitas. Ni siquiera salir a tomar un café.

¿Cuantos matrimonios hay que viven dependientes del dinero de su pareja?

Recuerdo en una ocasión, hablando con una chica, me contaba lo sola que se sentía aun estando con su marido. Asique decidió conectarse a las redes sociales y conocer gente. Hizo muchas amistades en un grupo, y hasta quedaban para verse de vez en cuando.

En una ocasión, quedaron todo el grupo para conocerse todos en persona y conoció a un chico más joven que ella, esta al principio se mostraba indiferente, pero a lo largo del tiempo que pasaron juntos esa tarde veía que le llamaba mucho la atención y el chico no paraba de alagarla. Tanto, que él le decía cosas tantas bonitas que ella sentía miedo a enamorarse y a la vez se sentía muy a gusto con todo lo que él le decía. Cada día le llamaba por teléfono y se tiraban horas hablando, él comenzó a hablarle de tener algo más que una amistad, y ella se sentía joven, y viva.

Se empezó a encontrar mal, ya que no sabía lo que le pasaba en su interior y le daba miedo enamorarse. Ella estaba con su marido bien, o así lo creía ella. Tal fue la obsesión, que lo bloqueó y no quiso saber nada de él. Habló con su marido y le confesó lo ocurrido, cosa que este no le dio mucha importancia.

Ella, aunque no quería, no podía evitar pensar en las palabras tan bonitas que le decía el chico joven.

Y en una ocasión le preguntó una amiga, ¿y porque no te separas? Si no estás bien con él, si estas sintiendo algo por otra persona, lleva mucho tiempo con tu marido y ni siquiera tienes relaciones.

A lo que ella contesto:

A mi este chico me gusta mucho, pero es más joven que yo. Y, además, yo quiero a mi marido y encima sé que tengo su sueldo todos los meses.

¿Si yo me separo, de donde vivo?

Pues ya hemos llegado al centro de la situación, se ha tirado toda su vida, de ama de casa cuidando a sus hijos y no ha trabajado dada de alta nunca. (lo digo así por ella su trabajo es el de casa)

Ahora ya no se ven muchos casos, pero antiguamente todo esto era muy normal. El marido traía el dinero y la mujer llevaba la casa.

¿Qué ocurre?

Pues que eres esclava de esa situación para toda tu vida, porque dependes de otra persona para tener dinero, para alimentar a tus hijos, comprarte algun capricho, entre otras cosas.

Y ahora cuando veo a alguna persona decir que está tranquil@ porque su pareja si tiene trabajo, me llevo las manos a la cabeza.

¿Eso es lo que te valoras?

¿Vas a depender siempre de una persona?

¿Y si no funciona la relación? Entonces….

¿Qué vas a hacer?

Si en algún momento te ves en una situación similar hazte estas preguntas. Y respóndete desde el corazón, y que no te domine la pereza.

Mi consejo es, que no estés con nadie por depender de su dinero, o, mejor dicho, por depender de esa persona sea en el modo que sea.

Tu eres valiente, y tú vas a salir adelante sol@, que mejor que intentarlo y tener tu libertad económica.

¿No crees que va a merecer mucho la alegría?

¿Crees que no puedes por qué?

SI PUEDES, SI YO PUEDO TU TAMBIEN.

Vamos con esas afirmaciones para subir tu vibración. Dilas con tanta emoción para que tu alma se impregne de esa energía…

YO SOY UNA PERSONA NUEVA,

EN LA QUE NADA NI NADIE OPINA EN MI VIDA

YO SOY DUEÑ@ DE MIS ACTOS

Y A PARTIR DE HOY

COMIENZA UN MUNDO MAGICO DE POSIBILIDADES

CONFIO EN EL UNIVERSO

Y EN TODAS LAS ENSEÑANZAS QUE ME ENVIA

ME AMO, ME RESPETO Y ME CUIDO PARA MI.

PORQUE YO SOY UNA PERSONA MARAVILLOSA.,

BENDECIDA Y LLENA DE LUZ

Estupendo querid@ lector/a,

SIGAMOS….

También existe la dependencia económica por alguna afición remunerada, ya sea porque recibes un incentivo realizando aquello que te apasiona a la vez que disfrutas, como un deporte, la música, cocina…etc.

Recuerdo a dos amigas que les encantaba bailar y les contrataron en un pub para hacer coreografías y alguna clase de baile, a veces descansaban y entonces en una ocasión les llamaron de una discoteca mucho más grande. Ellas estaban encantadas y decidieron pedir permiso para poder ir ese día. El jefe sin ningún problema accedió a ello, pero ese fin de semana hubo demasiada gente en el pub y una de sus compañeras se puso enferma y tuvo que quedarse en casa.

Cuando llegaron las dos amigas a trabajar el jefe estaba enfadado, y las reunió junto con todos los trabajadores, les dijo que él en ningún momento les dio permiso para irse.

Ellas estaban asombradas de la reacción que tuvo su jefe, la verdad es que ellas hacían eso por afición a parte de tener el título. Pero allí se sentían cómodas con la gente. Aunque al probar en esa discoteca fue totalmente diferente, mucho más emocionante y con muchísima más gente, y encima les pagaron mucho más. Una de ellas no se lo pensó, y al escuchar los gritos de su jefe decidió irse. A los pocos días, estaba en esa discoteca bailando y enseñando a la gente a bailar. Y su amiga se quedo, pero a los dos meses veía que ya no era nada igual, los compañeros se metían y se burlaban de haberse ido y encima decían que habían mentido. Entonces, fue cuando decidió irse también, hablo con su amiga y ella le pregunto al jefe si necesitaba mas *personal, a lo que el jefe le dijo que si. Y ese fue su nuevo lugar de trabajo haciendo lo que más les gustaba, bailar.*

Al cabo del tiempo vieron a algun@s de l@s compañer@s que hicieron los mismo, pero en otros lugares.

Tienes que tomar tus propias decisiones, y está bien tomar un consejo que puedan darte, pero al final la decisión siempre será la tuya. Una persona puede decirte muchas cosas, pero si luego no haces lo que realmente quieres, la culpa siempre va a ser tuya, por no haber hecho aquello que deseabas.

Está claro que en esta dependencia económica es mínima pero también influye el ocio, no puedes obligar a una persona a no irse a bailar a otro lugar, cuando luego eres tú el que lo hace.

"Haz lo que yo diga, pero no lo que yo haga"

A veces nos centramos tanto en el dinero que nos hace falta ganar y encontrar un trabajo para ello, que cuando lo logramos hacemos hasta lo imposible para mantenerlo.

Comencé a trabajar en un supermercado, poco después de irme a vivir con mi pareja. Estaba muy ilusionada porque en el pueblo no conocía a nadie y ahí podía empezar a relacionarme con la gente del pueblo.

Normalmente estaba de cajera, muy pocas veces me ponían a reponer la tienda. Me comentaron que la encargada que tenía era muy envidiosa y mala persona. Yo no la conocía, pero no parecía mala chica. Yo solo quería pensar en mi nuevo trabajo y en quedarme allí por mucho tiempo.

En esos supermercados había una clase de requisitos, tenías que pasar un mínimo de productos por minutos, y entre cliente y cliente había un mínimo de tiempo. También nos aconsejaron que no diéramos nuestra clave de caja a ninguna compañera. (eso nos lo dijeron en el curso que te dan antes de comenzar a trabajar)

Mi encargada me ayudaba mucho, cuando me veía apurada venía y se me hacía el trabajo más fácil, tanto que me ofrecía seguir con mi código para adelantar el tiempo que te he comentado más arriba que debíamos de conseguir.

Yo en un principio le dije que eso no se podía hacer, pero ella me tranquilizó y me dijo que no pasaba nada, además era mi encargada, pensé yo. Y confié en ella, y le di mi código.

Todos los días me faltaba algo de dinero en el recuento de caja, y yo no entendía nada, me avisaban de que eso podría tener consecuencias, y yo estaba muy preocupada, no quería perder mi puesto de trabajo, así que cogía y echaba en la caja dinero de mi bolsillo para que no faltara y cuadrara la caja, pero aun así siempre faltaba algo.

Al final de mes me llamó la encargada y la jefa de tienda y me dijeron que ese mes acababa ya que no cumplía los objetivos y era parte de todo eso, todos los días faltaba dinero y la caja no cuadraba. Sentía rabia porque no podía creer que me tiraban de ese trabajo, yo había estado trabajando bien y hasta metía dinero de mi bolsillo. Pero con una sonrisa la encargada me dijo que lo sentía pero que no podía seguir.

Aunque llamé a la central, me dijeron que como era por la falta de dinero no podían hacer nada, ni siquiera investigaron ni nada, yo quedé como que quitaba dinero o así me sentía yo. Estuve un tiempo que cada vez que me acordaba o me nombraban ese supermercado, me daba rabia e impotencia. Pero mi pareja me animó y me dijo que pasara de todo. y que siguiera buscando trabajo en otra parte. Y eso es lo que hice.

A los pocos meses, yo estaba en una fábrica trabajando, y donde vivía la gente se enteraba de todo, no era muy pequeño el pueblo, pero tampoco era una ciudad. Me enteré que tiraron a la jefa de tienda por robar en ella, si como lo lees, la pillaron robando. Pero eso no es todo, a la que fue mi encargada también. En ese momento puedo decirte que sentí alivio, porque yo sabía perfectamente que hice muy bien mi trabajo cuando estuve trabajando allí, y por fin salía a la luz el porqué de la falta de dinero.

Cuando tenemos tanta dependencia en el dinero y tenemos la necesidad de encontrar un puesto de trabajo, en muchas ocasiones cedemos a lo que nos pueda decir un responsable, o hasta un compañero, solo por miedo a no perder ese puesto de empleo. Y no nos damos cuenta que la mayoría de las veces hay personas que lo único que quiere es fastidiarte y hacer que pierdas el trabajo.

Seguramente conocerás a alguien, que, ya sea en tu trabajo o en el de algún conocido, haya personas que lo único que pretenden es que metan a gente de su entorno, y que a ti o a ese conocido le hagan la vida imposible y acabe yéndose o le provoquen para que lo despidan. En este caso yo no me daba cuenta de la intención de mi encargada, pero luego me enteré que lo único que quería era meter a su cuñada en el supermercado.

¡Hasta donde llegué que ponía dinero de mi bolsillo!, a veces lo poco que me quedaba, y solo para poder continuar en ese puesto y poder tener mi nomina a fin de mes.

Otra clase de dependencia económica, es la de tener que estar con nuestros padres, o a veces hasta muchos se hacen muy cómodos.

Cuando no encuentras trabajo, y estas deprimido por la misma razón, esto puede ser muy frustrante, ya que dependes siempre del dinero que puedan darte tus padres, o en el caso que no puedan, estas limitado a lo que ellos puedan darte.

Muchos se enfocan en la mala suerte que tienen, y en lo afortunados que son muchos que si lo encuentran. Déjame decirte que siempre hay una solución para cada problema, lo único que pasa es que nos enfocamos siempre en el obstáculo y entonces no podemos mirar hacia otro lado.

Si estás en esta situación, no te desesperes, cuanto más lo estés, todo será más complicado.

Te propongo que te apliques y que busques cualquier empleo decente que tengas ingresos, por pequeños que sean, ya sé que a nadie le gusta, pero cuando quieres conseguir algo tienes que poner de tu parte.

Empieza en pequeño y poco a poco crecerás según

los sueños que tu tengas. No eres la única persona que empieza desde abajo los actores **Sylvester Sta-llone y Christopher Walken**, más conocidos por sus papeles en *'Rocky'* y **'Sleepy Hollow'** entre otras respectivamente, que no fue otro que el de domador de leones**,** ¿os imagináis al mismísimo Rambo con el látigo en el circo? Es increíble.

Angelina Jolie, antes de ser Lara Croft, y convertirse en la mujer de Brad Pitt. Empezó haciendo un curso para organizar funerales. Su marido, **Brad Pitt** se disfrazaba de pollo promocionando un restaurante mexicano.

Maluma, vendía caramelos en el colegio para ayudar a su familia.

Mira todos estos ejemplos de famosos, que más tarde han triunfado cado uno en lo que han querido. ¿y tú porque no?

¿Quieres más ejemplos?

Si ellos pueden, tú también puedes. Esto debes metértelo en la cabeza y que sea un aliciente para seguir adelante.

Harrison Ford, trabajó de carpintero hasta los treinta años.**Ray kroc**, era vendedor de máquinas de batidos, y a los 52 años fundó la cadena de McDonald's.**Andrea Bocelli**, nació con glaucoma que lo dejó parcialmente ciego, y un golpe en la cabeza en un partido de futbol lo dejó totalmente ciego a los 12 años. Pero no se rindió, esto no iba a hacer que destruyera su carrera. Amaba la música y comenzó haciendo actuaciones familiares. Y más tarde tocaba el piano en bares, donde conoció a su esposa Enrica. Hoy en día ha vendido más de 90 millones de discos en todo el mundo.

"UN VINCULO TOXICO CON UN VAMPIRO ENER-
GETICO, PUEDE OCASIONARTE ENFERMEDADES
Y GRAVES DAÑOS PARA LA SALUD, Y DESDE ESA
OPTICA SERIA IMPOSIBLE PARA TI PROGRESAR
EN LA VIDA."

Vamos con esas afirmaciones para subir tu vibración. Dilas con tanta emoción para que tu alma se impregne de esa energía…

YO SOY UNA PERSONA NUEVA,

EN LA QUE NADA NI NADIE OPINA EN MI VIDA

YO SOY DUEÑ@ DE MIS ACTOS

Y A PARTIR DE HOY

COMIENZA UN MUNDO MAGICO DE POSIBILIDADES

CONFIO EN EL UNIVERSO

Y EN TODAS LAS ENSEÑANZAS QUE ME ENVIA

ME AMO, ME RESPETO Y ME CUIDO PARA MI.

PORQUE YO SOY UNA PERSONA MARAVILLOSA.,

BENDECIDA Y LLENA DE LUZ

Muy bien hecho querid@ lector/a,

¿CÓMO LOGRAR TUS OBJETIVOS?

No dependas de nadie para ser feliz, la felicidad la tienes dentro de ti mism@.

Cuando estés con tu pareja, amigos, familiares…cualquier persona en general.

Trata de compartir momentos con ellos, pero nunca vayas a buscar tu felicidad, porque solo así conseguirás crear una dependencia hacia ellos, y estarás pendiente de cada una de estas personas, lo que lograrás es sentirte mal porque cada uno de ellos son libres y tienen que hacer su vida también.

Asique, quiérete, amate, respétate, empieza a hacer las cosas por ti y no pensando en los demás.

Empieza a hacer unos ejercicios diarios que te muestro en las siguientes páginas y aprende a gestionar tu propia vida sin depender de nadie.

Estos ejercicios te ayudaran a tener una rutina y salir de tu zona de confort, vas a ver cómo te cambia la forma de pensar, ver las cosas y hasta de verte tu diferente.

Vas a ser **la misma de siempre, pero ya no la de antes**, esa persona que tenía que estar pendiente para sentirse aceptada por los demás. Eso se acabó.

- Planifica tu día, si no tienes el hábito de hacerlo, comienza por cosas pequeñas, pero que tengas el día completo. Hazlo antes de ir a dormir y así tu mente estará centrada en las cosas que vas a hacer el día siguiente. Y no te centrara en cualquier otra que te quite el sueño.

- Si la actividad requiere de mucho enfoque, divide la en partes y así no te agobiaras tanto.

- No lo pienses, hazlo. Si estás postergando la hora de empezar, ya sabes que nunca vas a hacerlo. El momento es ahora.

- Tómatelo como un reto personal.

- Haz que te motive este ejercicio. Si te lo tomas como una obligación, acabarás abandonando.

- Si en algún momento del día, te sientes agotado, detente. Pero ponte un límite de descanso.

- Evita distraerte, cuando hacemos algo nuevo nuestra mente intenta llevarnos a nuestra zona de confort. Y sin darnos cuenta, dejamos de hacer esa actividad. Cogiendo el móvil, nos llega una visita, entras en internet.

- Cuando te veas en esa situación, toma acción y vuelve a tu tarea.

En la mayoría de las veces, cuando queremos hacer algo nuevo, sin darnos cuenta. Automáticamente volvemos a una zona donde estábamos.

Recuerdo cuando me propuse empezar a hacer ejercicio, ya que me veía más rellenita y no me gustaba la idea de engordar más.

Yo no salía sola a caminar, porque me daba vergüenza, veía como la gente salía a correr a caminar, pero yo no podía, o al menos eso creía yo. Asique un día decidí que iba a empezar yo sola, porque cuando le decía a alguna amiga de salir siempre pasaba algo y yo me acomodaba también.

Me costó muchísimo empezar, y cuando lo hacía me sentía bien pero solo salía un día o dos. Después, volví a intentarlo y esta vez me puse seria conmigo misma. Pues bien, Había veces que me llamaba alguna amiga y le decía que no podía quedar, porque me iba a caminar. Cuando iba a prepararme para ello, empezaba a hacer otras cosas sin darme cuenta y acababa en la ducha, como te lo estoy diciendo, me metía en la ducha y no me daba ni cuenta. ¡claro! Una vez me metía, decía que como ya estaba duchada que ya no salía.

Hasta que me di cuenta que era mi mente, la que hacia eso. Yo quería salir, pero mi mente que era más fuerte que yo, me llevaba a otro lado.

Empecé a caminar de nuevo y esta vez hacia las cosas más atentas, Y de vez en cuando intentaba volver a lo mismo, pero, aunque lo hiciera, salía igual a caminar.

Decidí apuntarme al gimnasio, para tener más obligación, al principio iba con unas amigas, pero no siempre podían y el primer día que no fueron, yo tampoco fui, y me di cuenta de que esto era algo que yo misma tenía que superar, asique un día cogí mi mochila y me fui al gimnasio sola, no pasó nada, estaba con los demás y más tarde vinieron ellas.

Al principio, tengo que reconocerte que me lo pensaba mucho, pero siempre iba, también tenía una amiga siempre al otro lado del teléfono (porque vive lejos) que le contaba lo que quería hacer y siempre me animaba.

Y así empecé a ir sola, al gimnasio, y ya no dependía de ir con ninguna amiga, ni a caminar, ni a cualquier lugar en donde me apeteciera y no me acompañaran. Si se venían bien, pero si no podía o no les apetecía, yo me iba sola, y era una sensación maravillosa haber logrado eso.

Lo que quiero decirte, es que si en algún momento te has sentido identifica@, prueba a salir sol@, a la calle, a caminar, a donde sea que te apetezca. En ocasiones nos cohibimos nosotr@s mism@s, y nos quedamos en casa esperando a que alguien nos llame para hacer aquello que queremos hacer, y si la persona que quedas con ella, no le apetece, al final haces lo que quiere ella.

¡¡Anímate!! Sal a caminar, a hacer ejercicio, a tomarte un café, al cine……a lo que te apetezca. ¿Qué mejor manera de quererte tu mism@ que esta?

EMPIEZA AHORA: si esperas a que sea el momento oportuno, ese momento no va a llegar nunca, el momento es ahora

PASOS GRADUALES: no quieras hacer todo en una día, si haces las cosas poco a poco, te iras acostumbrando a ellas y cuando te des cuenta habrás cambiado ese hábito, si quieres hacerlo de la noche a la mañana, lo único que conseguirás es cansarte y lo dejaras.

ESCRIBE TUS METAS: haz una lista de las meta que tienes diariamente, para la semana, mes y año. Así podrás organizarte y tendrás un margen de referencia para conseguirlas.

COMPROMÉTETE: haz las cosas para ti, para superarte a ti mismo y conseguir aquello que quieres, no te dejes vencer por el miedo y/o por lo que puedas decir los demás. Si crees que debes contarlo, pero recuerda que si lo comentas con alguien tienes más compromiso de lograrlo, sino no te tomaran en serio.

ENFÓCATE EN LA META: enfócate en el resultado que obtendrás con todo el esfuerzo que estas realizando, no te centres en los obstáculos que tendrás en el camino, sino no lo lograras o te costará mucho más conseguir aquello que deseas.

NO TE CASTIGUES: si cometes un error no te culpes ni te enfades, vuelve a intentarlo. Revisa donde te equivocaste y como puedes corregirlo. Puedes pedir opinión a alguien, o simplemente puedes ver el problema desde fuera, como si tuvieses que dar tú el consejo a alguien de tu entorno.

TRABAJA EL PERDON: Perdona a toda aquella persona en la que en algún momento de tu vida, tuviste algún percance, escríbele una carta de perdón, como si la tuvieras enfrente tuyo, y dile todo aquello que te gustaría pero siempre desde el perdón, y además, pídele perdón, siente aquello en lo que pasó y si en algún momento pudiste evitar la situación, como ya sabes todo lo que nos pasa es según a como actuemos nosotros, y siempre tenemos que hacernos responsables de todo para tomar conciencia y así poder aprender de ello.

Y ahora, perdónate a ti misma, por cada error que cometiste, por cada vez que tomaste una decisión equivocada. Nadie nace enseñado, pero lo más importante es darse cuenta de la situación y estar preparad@ para el cambio. Y ese cambio empieza hoy…

Resumen

La dependencia se resume en que básicamente una persona con dependencia, no puede vivir lejos de la causante. Ya sea pareja amiga, trabajo el dinero.

A veces puede causar mucho daño tanto a sí mismo como a la otra persona, y la causante en la mayoría de las veces es consciente de la dependencia de la persona que la tiene, y siempre intenta sacar algun beneficio.

Si sufres dependencia emocional con tu pareja, con algún amigo, alguna amiga, dependencia en un puesto de trabajo ya sea por ser aceptado en él, o dependes de él económicamente, dependes de tu familia para salir adelante. O alguna otra dependencia similar.

Toma acción, pero tómala ¡¡ya!!

No lo dejes para mañana, si dices, mañana empiezo te aseguro que no lo harás.

Empieza por algo pequeño, y poco a poco ves añadiendo pautas a tu nueva vida.

Te mereces ser libre de esa esclavitud, no necesitas a nadie para sobrevivir nada más que a ti. Lo demás es secundario.

Si aprendes a vivir contigo mismo, estarás listo para convivir con cualquier persona, para relacionarte en cualquier lugar. Vas a ser una persona envidiada, y todo el mundo verá tus resultados desde el momento en que empieces a aplicar los ejercicios.

Van a tenerte envidia, y hasta te criticarán. Van a decirte que has cambiado e intentarán que vuelvas a esa persona que necesita a alguien al lado para sobrevivir, van a hacerte creer que eres cruel, egoísta y muchas cosas más, pero querid@ lector/a, no les hagas caso, recuerda que tu meta es tu cambio.

Un atleta, sabe que tiene que llegar a su meta en el mejor tiempo posible, pero habrá compañeros que intenten que caigan al suelo, o por lo menos lo desearan.

Tendrá gente alrededor (el público) gente que ni siquiera lo conoce y le van a criticar, van a intentar que se sienta humillado. Y querrán que abandone, simplemente porque habrá alguien alrededor que querrán que triunfe antes que él.

¿Pero qué hace el atleta? ¿se para a escuchar esas voces y les hace caso?

La respuesta es no, el atleta sigue, no mira hacia los lados, ni atrás. Mira hacia a delante y saca todas sus fuerzas para llegar a la meta y aun cuando no tenga fuerzas las sacará de donde sea para llegar a su propósito…la meta.

Asique, mira hacia adelante y deja los obstáculos a un lado.

Y sobre todo recuerda realizar tus ejercicios todos los días.

Al principio te costará, pero piensa que es tu mente que no está acostumbrada y te querrá llevar a tu zona de confort.

Planifica – agradece – medita – haz ejercicio físico.

Empieza por cosas pequeñas y ya verás cómo tus logros van creciendo sin darte cuenta.

No quiero que me creas, quiero que lo compruebes tu mism@ y veas una persona feliz delante de tu espejo.

Tienes que valorarte mucho, porque si tu no lo haces no esperes que lo hagan por ti.

Dite todas las cosas afirmativas que te gustaría que te dijeran, amate mucho, cuídate, ríete, y sobretodo disfruta de tu compañía.

Vive tu cambio, como el gusano cuando se vuelve mariposa.

Al principio duele, pero cuando consigues tus alas no hay nada mi nadie que te detenga.

Te agradezco enormemente que me hayas acompañado en estas páginas.

Y que te haya servido para aprender a cambiar, o si no es tu caso, saber cómo puede estar una persona de tu alrededor y poder ayudarle.

No dejes de recomendar este libro, si conoces a alguien que pueda ayudarle. Y si te ha ayudado a ti y quieres compartirlo conmigo, hazte una foto y envíamelo a la siguiente dirección.

mjmonfo@gmail.com

Te espero en mi próximo libro, allí te hablaré sobre la adolescencia y los momentos por los que pasan. En

esa edad muchas veces nos sentimos tan perdidos…
y sobre todo, ahora que somos padres, y la vida va
cambiado, ¿Cómo podríamos ayudarles?

Una cosa mas antes de acabar

Mi queridism@ lector/a,

Antes de que acabemos este libro, quiero contarte algo más.

Como ya sabes, yo he sufrido dependencia emocional en varios aspectos de mi vida, pero afortunadamente salí de ese estado, y de eso es de lo que quiero hablarte un poco más.

Cuando tuve mi punto de quiebre, fue cuando empecé a moverme, yo ya tenía en mis manos un libro que me ayudaba, pero que cada vez que las cosas me iban bien, lo dejaba a un lado. Estuvo mucho tiempo en el mismo sitio donde lo dejé y ni siquiera lo veía. A partir de tocar fondo, fui para mi habitación y allí estaba, lo cogí, lo abrí, y en esa página estaba mi mensaje.

Cuando el alumno está preparado, aparece el maestro.

Y ahí estaba él, desde ese día no solté mi libro, me estudié toda su saga, veía los videos del autor que publica todos los días en Facebook y/o en YouTube. Esa energía que desprende se contagia y te anima a seguir, a no abandonar.

Me metí en el grupo de Facebook que tiene, con tod@s los que leemos sus libros, y allí vi que ponía una chica que quería hacer un grupo de WhatsApp, para el estudio de uno de sus libros, mi mente me decía que no, que no iba a ser capaz, pero yo me inscribí, ahí fue donde conocí gente maravillosa, y hoy son mis amigas.

Acudí a uno de sus eventos y allí conocí a más de 1000 personas maravillosas. En el segundo evento fue donde me inscribí a su mentoría y aquí estoy, con mi libro gracias a él.

Si quieres tener un gran cambio en tu vida, te animo a que leas su saga al completo, te aseguro que va a cambiar tu vida. En sus libros conocerás los principios de las leyes universales explicada de una forma muy desarrollada para que puedas entenderlos a la perfección, y aparte de eso muchas cosas más que descubrirás por ti mism@.

Te invito a leer la saga de **LA VOZ DE TU ALMA**

Laín García Calvo, quiero darte las gracias por la persona tan maravillosa que eres. por ayudarme a cambiar, y por todas las almas imparables que he conocido gracias a ti.

Te amo. Gracias gracia gracias

Antes de nada, recuerda tus afirmaciones…

YO SOY UNA PERSONA NUEVA,

EN LA QUE NADA NI NADIE OPINA EN MI VIDA

YO SOY DUEÑ@ DE MIS ACTOS

Y A PARTIR DE HOY

COMIENZA UN MUNDO MAGICO DE POSIBILIDADES

CONFIO EN EL UNIVERSO

Y EN TODAS LAS ENSEÑANZAS QUE ME ENVIA

ME AMO, ME RESPETO Y ME CUIDO PARA MI.

PORQUE YO SOY UNA PERSONA MARAVILLOSA.,

BENDECIDA Y LLENA DE LUZ

Muy bien hecho querid@ lector/a, nos vemos en el siguiente libro.

Gracias gracias gracias, te amo y te bendigo.

María José Martínez Alberola